ENGLISCH
Grammatik

Manfred Adam
Sarah Nowotny

...leicht gemacht!

compact

Chefredaktion: Evelyn Boos
Redaktion: Helga Aichele
Fachkorrektur: Laura W. Montgomery
Gestaltung: Axel Ganguin
Umschlaggestaltung: Inga Koch
Produktion: Johannes Buchmann

ISBN 978-3-8174-7540-7
7375406/8

www.compactverlag.de

VORWORT

Die neue Reihe „Leicht gemacht“ vermittelt einen schnellen und umfassenden Einblick in Sprache und Grammatik. Mit dieser Kombination aus Nachschlagewerk und Übungsbuch kann man grammatische Unklarheiten gezielt beseitigen und das neue Wissen sofort anwenden.

„Englisch Grammatik – leicht gemacht“ richtet sich an alle, die ihre Sprachkenntnisse schnell verbessern wollen. Der Band enthält 14 thematisch abgeschlossene Kapitel, in denen alle wichtigen Regeln auf einprägsame Weise vermittelt werden. Zahlreiche treffende Beispiele sorgen für Anschaulichkeit und Klarheit der dargestellten Inhalte.

Am Ende jedes Kapitels findet sich eine Doppelseite Übungen, anhand derer sich der gelernte Stoff überprüfen lässt. Ein ausführlicher Lösungsteil gewährleistet eine selbstständige Erfolgskontrolle.

Die zweifarbige Gestaltung sowie die Verdeutlichung wichtiger Sachverhalte durch übersichtliche Tabellen schaffen zusätzliche Übersichtlichkeit. Der rasche Zugriff auf spezielle Sachfragen wird durch ein ausführliches Register der grammatischen Fachbegriffe erleichtert.

Dieser anwenderfreundliche Grammatikband beantwortet sicher und zuverlässig alle Fragen zu Aufbau und Gliederung der englischen Sprache.

Viel Erfolg!

INHALTSVERZEICHNIS

1. Der bestimmte Artikel

Für den bestimmten Artikel (das bestimmte Geschlechtswort), der im Deutschen „der“, „die“, „das“ lautet, gibt es im Englischen nur eine einzige Form, die männlich, weiblich, im Singular und im Plural gleich ist.

Einzahl	Mehrzahl
the tree **der Baum**	*the trees* **die Bäume**

Vor Vokalen (1) und stummem h (2) wird *the* mit i ausgesprochen.

(1) *the evening*	**der Abend**
(2) *the hour*	**die Stunde**

Der bestimmte Artikel wird gebraucht, wenn eine Person/Sache aus einer Gruppe gleichartiger Personen/Sachen herausgehoben und näher bestimmt wird (3). In dieser Funktion unterscheidet sich der bestimmte Artikel nicht vom Deutschen:

(3) *The doctor lives in the house next to the chemist's.*	**Der Arzt wohnt im Haus neben der Apotheke.**

Abstrakta (z. B. *life, love*), Stoffnamen (z. B. *ice, milk*) und Gattungsnamen (z. B. *children, women*) stehen ohne bestimmten Artikel, wenn sie im allgemeinen Sinn gebraucht werden (4), mit bestimmtem Artikel, wenn sie näher bestimmt sind (5):

(4) *Children love chocolate.*	**Kinder lieben Schokolade.**
(5) *The children were playing computer games.*	**Die Kinder spielten Computerspiele.**

Besonderheiten beim Gebrauch des bestimmten Artikels
Abweichend vom Deutschen haben manche geografische Bezeichnungen keinen bestimmten Artikel (6):

(6) Oxford Street, Tower Bridge, Mount Everest

INFOKASTEN

Bei *all, both, half, twice, double* wird der bestimmte Artikel nachgestellt (7):

(7) *all the time*	**die ganze Zeit**
both (the) students	**beide Studenten**
half the pupils	**die Hälfte der Schüler**
half the cake	**die Hälfte des Kuchens**
twice the amount	**die doppelte Menge**
double the price	**der doppelte Preis**

Der/die/das Meiste in der Bedeutung von *der größte Teil* wird im Englischen mit *most* oder *most of* wiedergegeben. Vor *most* steht in diesem Fall kein bestimmter Artikel (8):

(8) *most people/ most of the people*	**die meisten Leute**

Most in der Bedeutung der Steigerungsform von *more* hat den bestimmten Artikel vor sich (9):

(9) *That was the most thrilling film I have ever seen.*	**Das war der spannendste Film, den ich je gesehen habe.**

2. Der unbestimmte Artikel

Der unbestimmte Artikel (das unbestimmte Geschlechtswort) lautet *a* und wird nur bei der Einzahl von zählbaren Begriffen gebraucht (1):

(1) *a house* - **ein Haus**, *a bird* - **ein Vogel**

Vor Substantiven, die in der Aussprache mit einem Vokal beginnen, lautet der unbestimmte Artikel *an* (2):

(2) *an old house*	**ein altes Haus**
an hour	**eine Stunde**

ABER:	
a university	**eine Universität**
a European	**ein Europäer**

Besonderheiten beim Gebrauch des unbestimmten Artikels

Abweichend vom Deutschen steht im Englischen der unbestimmte Artikel bei *Berufsbezeichnungen* (3) und bei *Konfessionen* (4):

(3) *He is a teacher.*	**Er ist Lehrer.**
She is an editor.	**Sie ist Redakteurin.**
(4) *She is a Catholic.*	**Sie ist katholisch.**
He is a Buddhist.	**Er ist Buddhist.**

Es gibt bestimmte Redewendungen, in denen der unbestimmte Artikel abweichend vom Deutschen gebraucht wird (5):

(5) *to be in a hurry*	**in Eile sein**
to be in a position	**in der Lage sein**
to have a temperature	**Fieber haben**
to take a seat	**sich setzen**
as a result	**als Ergebnis**
as a rule	**in der Regel**

INFOKASTEN

Nach *half, quite, rather, such* steht der unbestimmte Artikel (6):

(6) *half a can of coke*	**eine halbe Dose Cola**
such a stupid mistake	**so ein blöder Fehler**

Tipp:

That is rather a good idea.	**Das ist eine ziemlich gute Idee.**

Diese Formulierung wird aber seltener verwendet. Richtig (und eigentlich besser) ist hier auch: ***That is a rather good idea.***

Bei Ausrufen steht nach *what* und vor *zählbaren Substantiven* der unbestimmte Artikel (7):

(7) ***What a lovely day!***	**Was für ein schöner Tag!**
What a good idea!	**Was für eine gute Idee!**

Folgende Begriffe benötigen keinen bestimmten Artikel:

- allgemeine Verwendung von Abstrakta, Stoff- und Gattungsnamen
  science and technology, peace and war, life and death, money, love and hate

- Substantive in übertragener Bedeutung
  at school, to school, in bed, in prison, at home, at court

- Monate, Wochentage, Festtage, Mahlzeiten
  in July, on Monday, at Christmas, at breakfast (lunch, dinner, supper, tea), in summer

- geografische Begriffe wie Namen von Ländern und Staaten, Namen von Seen und Bergen, Straßen-, Brücken-, Platz- und Gebäudenamen und Namen von Parkanlagen
  Switzerland, France, Italy, Loch Lomond, Lake Ontario, Ben Nevis, Mount Everest, Downing Street, Tower Bridge, Picadilly Circus, Hyde Park, Central Park

- in Verbindung mit *most, last, next*
  most of us, most people, in most cases, last Friday, last week, next week, next Monday

Bei den Ausdrücken *plenty of* und häufig bei *part of* wird kein unbestimmter Artikel verwendet.

We've got plenty of time.	**Wir haben noch viel Zeit.**
He told us only part of what he knew.	**Er erzählte uns nur einen Teil von dem, was er wusste.**

ÜBUNGEN: DER ARTIKEL

1. ERGÄNZEN SIE DIE SÄTZE MIT *THE* ODER *A/AN* WO NOTWENDIG!

a. It's a beautiful day. ______ sun is shining brightly.

b. Let's go to ______ cinema at the weekend!

c. George is going on ______ holiday next week.

d. Angela is _____ good friend of mine.

e. It's ______ good idea to make copies of important documents.

f. Help! There's ______ spider in _____ bath!

g. My grandmother is in ______ hospital at the moment.

2. WELCHE SATZHÄLFTEN GEHÖREN ZUSAMMEN?

a. That was the most interesting book

b. This is the best present

c. It was the nicest thing

d. It's the highest building

e. This is the most comfortable chair

f. She is the youngest person

g. That was the most disgusting food

h. This has been the coldest winter

1. I've ever sat on.
2. I've ever tasted.
3. in the last 20 years.
4. I've ever read.
5. who's ever won the tournament.
6. I've ever received.
7. that has ever been built.
8. anyone had ever said to me.

3. KORRIGIEREN SIE DIE SÄTZE – WO NOTWENDIG!

a. I have to go to work now.

____

b. Please pass milk.

____

c. We had the dinner in a restaurant.

____

d. Women often find it difficult to get well-paid jobs.

____

e. English eat a lot of fish and chips.

____

f. The music is too loud. Please turn it down!

____

g. The money makes the world go round.

____

h. Maria plays piano beautifully.

____

i. They drank all of wine.

____

4. WELCHER SATZ IST RICHTIG?

a. 1. He is a teacher and works in the big school next to the station.
2. He is teacher and works in a big school next to a station.

b. 1. The church is in Westbury Avenue.
2. The church is in the Westbury Avenue.

c. 1. The Mount Everest is challenge for the climbers.

2. Mount Everest is a challenge for climbers.

d. 1. River Thames flows through a capital city of England.

2. The River Thames flows through the capital city of England.

e. 1. Tower of London is in city centre.

2. The Tower of London is in the city centre.

5. WÄHLEN SIE DIE RICHTIGE VARIANTE!

a. What a lovely **day/weather** it is today!

b. Jack is looking for a new **work/job.**

c. I'm having **lunch/meal** with my sister on Saturday.

d. Jill was hungry so she had a **bread/sandwich**.

e. I took a big **luggage/suitcase** with me on holiday.

f. Andy can give you **advice/suggestion** about buying a new computer.

g. They went on a long **journey/travel** last month.

h. You should eat **apple/fruit** every day if you want to be healthy.

i. What a **mess/chaos**! Tidy your room now!

j. Nick had **problem/trouble** starting the car.

6. WO FEHLT DER BESTIMMTE ARTIKEL?

a. 1. I can hear music. Someone must have turned the radio on.

2. We loved the concert. Music was just fantastic!

b. 1. To do this job well, it is important to have experience.

2. I will never forget experience of going on safari in Africa.

c. 1. War in Yugoslavia killed thousands of people.

2. Is war the only alternative in this situation?

d. 1. Children nowadays spend too much time in front of the TV.

2. Children are doing their homework at the moment.

e. 1. You can buy furniture in some large department stores.

2. Furniture in this room belonged to my grandparents.

7. KREISEN SIE DIE ALTERNATIVE EIN, DIE IMMER MIT DEM BESTIMMTEN ARTIKEL STEHEN MUSS!

a. sun, star, planet, cloud

b. snow, water, weather, ice

c. Bond Street, English Channel, Heathrow Airport, Windsor Castle

d. Canada, Britain, Australia, United States

e. to play tennis, to play guitar, to play golf, to play music, to play football, to play squash

f. show business, culture, media, journalism

g. same, equal, different, similar

h. go to work, go to school, go to bed, go to cinema

1. Das Geschlecht

Im Gegensatz zum Deutschen wird das Geschlecht eines Substantivs nicht durch den dazugehörigen Artikel, sondern durch seine natürliche Eigenschaft bestimmt: Personen sind je nach ihrem Geschlecht männlich oder weiblich, Dinge meist sächlich (1):

(1) *This bag is heavy.*	**Diese Tasche ist schwer.**
It is heavy.	**Sie ist schwer.**

AUSNAHME:
Schiffe und Länder werden manchmal als weiblich angesehen: *She is a very beautiful ship.*

2. Die Mehrzahlbildung

Man unterscheidet eine regelmäßige und eine unregelmäßige Mehrzahlbildung.

2.1 Die regelmäßige Mehrzahlbildung

Die Mehrzahl (der Plural) wird gebildet durch Anhängen von *-s* an das Substantiv (1):

the garden	**der Garten**	(1) *the gardens*	**die Gärten**
the bottle	**die Flasche**	(1) *the bottles*	**die Flaschen**

INFOKASTEN

Endet das Substantiv auf *-y* und steht vor dem *-y* ein Konsonant, so wird *-y* im Plural zu *-ie* (2):

the city	**die Stadt**	(2) *the cities*	**die Städte**

ABER: Steht vor dem *-y* ein Vokal, so bleibt *-y* erhalten (3):

the key	**der Schlüssel**	(3) *the keys*	**die Schlüssel**

Endet das Substantiv auf einen Zischlaut, so wird *-es* angehängt und [-iz] gesprochen (4):

the box	die Kiste	(4) *the boxes*	die Kisten
the church	die Kirche	(4) *the churches*	die Kirchen

Endet das Substantiv auf *-o*, wird *-es* angehängt (5):

the potato	die Kartoffel	(5) *the potatoes*	die Kartoffeln

AUSNAHMEN:
radios, studios, photos, pianos u. a.

Endet das Substantiv auf *-f/-fe*, so lautet die Mehrzahl auf *-ves* (6):

the thief	der Dieb	(6) *the thieves*	die Diebe
a knife	ein Messer	(6) *knives*	Messer

AUSNAHMEN:

the roofs	die Dächer	*the proofs*	die Beweise

2.2 Die unregelmäßige Mehrzahlbildung

Neben der Mehrzahlbildung durch *-s* kennt das Englische noch eine Reihe von unregelmäßigen Mehrzahlformen, die zum Teil aus dem Germanischen stammen:

mouse	Maus	*mice*	Mäuse
louse	Laus	*lice*	Läuse
goose	Gans	*geese*	Gänse
tooth	Zahn	*teeth*	Zähne
foot	Fuß	*feet*	Füße
man	Mann	*men*	Männer
ox	Ochse	*oxen*	Ochsen

BEACHTE:
Bei folgenden Substantiven ist die Aussprache der Einzahl- und der Mehrzahlform verschieden:

child (tʃaild)	Kind	*children* (tʃildren)	Kinder
woman (wumen)	Frau	*women* (wimin)	Frauen

INFOKASTEN

Folgende Substantive haben im Singular wie im Plural die gleiche Form, das Verb wird entsprechend dem jeweiligen Sinn in die Einzahl oder die Mehrzahl gesetzt:

aircraft	**das Flugzeug, die Flugzeuge**
fish	**der Fisch, die Fische**
means	**das Mittel, die Mittel**
sheep	**das Schaf, die Schafe**
series	**die Serie, die Serien**

2.3 Sonderformen der Mehrzahlbildung

2.3.1 Unzählbare und zählbare Begriffe

Es gibt Begriffe, die sich zählen lassen und Begriffe (wie *milk, sugar*), die sich nicht zählen lassen. Man nennt sie *uncountables* (unzählbare Begriffe).
Abweichend vom deutschen Sprachgebrauch sind die folgenden Substantive nicht zählbar, d. h. sie können keinen unbestimmten Artikel (*a/an*) vor sich haben und können nicht in die Mehrzahl gesetzt werden:

news	**die Nachricht, die Nachrichten**
advice	**der Rat, die Ratschläge**
information	**die Information, die Informationen**
knowledge	**das Wissen, die Kenntnisse**
evidence	**der Beweis, die Beweise**
furniture	**das Möbel, die Möbel**
progress	**der Fortschritt, die Fortschritte**
homework	**die Hausaufgaben**

AUSNAHME:
knowledge kann mit dem unbestimmten Artikel verbunden werden (1):

(1) *She has a good knowledge of French.*	**Sie hat gute Französischkenntnisse.**

Diese Substantive schließen das Verb jeweils in der Einzahl an (2):

(2)	*A lot of furniture is designed in Sweden.*	**Viele Möbel werden in Schweden entworfen.**
(2)	*The news is next on AFN.*	**Als nächstes kommen die Nachrichten auf AFN.**
(2)	*The information is useless.*	**Die Informationen sind wertlos.**

INFOKASTEN

Will man diese Begriffe in der Einzahl gebrauchen, so muss man *a bit, a piece of* verwenden (3):

(3)	*It was a useful piece of advice.*	**Es war ein nützlicher Ratschlag.**
(3)	*This is an interesting bit of information.*	**Das ist eine interessante Information.**

2.3.2 Paarwörter

Gegenstände, die aus zwei zusammengehörenden Teilen bestehen, kommen im Englischen nur in der Mehrzahlform vor. Die Wichtigsten sind:

trousers	**die Hose, die Hosen**
jeans	**die Jeans (Einzahl u. Mehrzahl)**
scissors	**die Schere, die Scheren**
glasses	**die Brille, die Brillen**
scales	**die Waage, die Waagen**

Diese Substantive schließen das Verb in der Mehrzahl an (1):

(1)	*Where are my trousers? Have you seen them?*	**Wo ist/sind meine Hose(n)? Hast du sie gesehen?**

Will man diese Begriffe in die Einzahl setzen oder sich auf eine bestimmte Anzahl beziehen, so muss man *a pair of* bzw. *two pairs, three pairs* etc. verwenden (2):

(2)	*Your new pair of trousers is in the bedroom.*	**Deine neue Hose ist im Schlafzimmer.**
(2)	*He has got two pairs of glasses.*	**Er hat zwei Brillen.**

2.3.3 Mehrzahlwörter

Ähnlich wie die Paarwörter gibt es Substantive, die nur in der Mehrzahl existieren. Die Wichtigsten sind:

clothes	**die Kleidung**
stairs	**die Treppe(n)**
outskirts	**der Außenbezirk, die Außenbezirke**
surroundings	**die Umgebung**
thanks	**der Dank**
goods	**die Ware(n)**
riches	**der Reichtum, die Reichtümer**
contents	**der Inhalt**
premises	**die Geschäftsräume**
headquarters	**der Hauptsitz**
customs	**der Zoll/die Zollbehörde**

2.3.4 Andere Besonderheiten

Nach *police* steht das Verb meist in der Mehrzahl (1):

(1) *The police are coming.*	**Die Polizei kommt gerade.**

People ist die Mehrzahl von *person*; das Verb wird in der Mehrzahl angeschlossen (2):

(2) *The people are ...*	**Die Leute sind ...**

People kann jedoch auch Volk heißen und wird dann wie im Deutschen gebraucht (3):

(3) *The Americans are a friendly people.*	**Die Amerikaner sind ein freundliches Volk.**
(3) *The peoples of Asia ...*	**Die Völker Asiens ...**

3. Die Deklination

Das Englische kennt die Deklination des Substantivs nur noch im Genitiv. Der Genitiv dient dazu, Zugehörigkeits- und Besitzverhältnisse auszudrücken. Im Englischen gibt es zwei Möglichkeiten, den Genitiv auszudrücken: die Verbindung mit der Präposition *of* und das Anhängen eines Apostrophs und *-s* an die Einzahlform des Substantivs.

Bei Sachen steht meist die Konstruktion mit *of* (1):

(1) ***the arrival of the train***	**die Ankunft des Zuges**

Bei Ländern und Städten steht häufig der *s*-Genitiv (2):

(2) ***Germany's economy***	**Deutschlands Wirtschaft**

Bei Personen und Tieren muss aber der Apostroph und *-s* verwendet werden (3):

(3) ***the dog's bone***	**der Knochen des Hundes**

Wird das Substantiv näher beschrieben, so erfolgt die Verbindung mit der Präposition *of* (4):

(4) ***I got the phone number of the boy at the bar.***	**Ich bekam die Telefonnummer von dem Jungen an der Bar.**

In der Mehrzahl steht bei regelmäßigen Mehrzahlformen ein Apostroph nach dem Plural-*s* (5), bei unregelmäßigen Mehrzahlformen Apostroph und *-s* (6):

(5) ***my brothers' room***	**das Zimmer meiner Brüder**
(6) ***the children's bikes***	**die Fahrräder der Kinder**

A friend of my father's, an uncle of mine ist nur möglich, wenn einer von mehreren gemeint ist.

INFOKASTEN

Ist das Bezugswort ein Ort, so werden diese Begriffe im alltäglichen Sprachgebrauch nicht mehr genannt und der Genitiv mit *s* ohne Bezugswort verwendet (7):
(7) ***at the butcher's (shop)*** **beim Metzger**

Alle anderen Fälle des Substantivs sind identisch mit dem Nominativ. Weil die Substantive keine Endungen mehr besitzen, werden der Dativ und der Akkusativ durch die Wortstellung innerhalb des Satzes oder durch Präpositionen (Verhältniswörter) ausgedrückt.

ÜBUNGEN: DAS SUBSTANTIV

1. SETZEN SIE DIE WÖRTER IN DEN PLURAL!

a. car ________________________________

b. glass ______________________________

c. tomato ____________________________

d. country ____________________________

e. shelf ________________________________

f. tooth ________________________________

g. child ________________________________

h. mouse ______________________________

i. match ______________________________

j. diary ________________________________

2. FINDEN SIE DAS RICHTIGE SUBSTANTIV!

(advice, beer, damage, electricity, evidence, furniture, luck, news, progress, scenery, traffic, work)

a. We'll need some new ________ when we move to our new house.

b. Sorry I'm late – the ________ on the motorway was terrible!

c. The tornado did a lot of ________

d. The old house doesn't have ______ or running water.

e. If you want my ________, you really should see a doctor.

f. The police are looking for ________ after last night's bank robbery.

g. You should go to the Swiss Alps – the ________ is breathtaking!

h. With a bit of ________ I'll be home early on Friday.

i. I'm afraid we haven't made much ________ on this project so far.

j. Germany produces some excellent ________

k. Let's just listen to the ________ before we turn off the radio.

l. ________ on the new bridge will continue until the end of the year.

3. WELCHE WÖRTER PASSEN ZUSAMMEN? BENUTZEN SIE JEDEN AUSDRUCK NUR EINMAL!

a. a pair of

b. a shower of

c. a glass of

d. a piece of

e. a loaf of

f. a slice of

g. a cloud of

h. a bar of

i. a tube of

j. a flash of

1. toothpaste
2. bread
3. smoke
4. scissors
5. lightning
6. wine
7. soap
8. rain
9. cake
10. advice

4. SUCHEN SIE DAS „PAAR-WORT"!

a. socks, trousers, shoes, shirts

b. glasses, earrings, brooches, necklaces
c. weights, kilos, pounds, scales
d. pyjamas, slippers, bedclothes, pillows
e. telescopes, binoculars, microscopes, cameras

5. WELCHE SÄTZE SIND RICHTIG?

a. 1. The goods are delivered every Friday.
   2. He has a different good on special offer every week.
b. 1. The premises is situated just outside the city.
   2. The premises are off-limits to children.
c. 1. The police have arrested three suspects.
   2. The police is hoping to solve the case very soon.
d. 1. Could you give me some informations about the course?
   2. I received a lot of useful information.
e. 1. The native peoples of North America lost their land.
   2. How many peoples were at the party last night?
f. 1. Where is the custom? I have something to declare.
   2. Customs are situated just past the baggage claim.
g. 1. The luggages are blocking the door – put them somewhere else!
   2. The luggage has been checked onto the flight.

6. NENNEN SIE DEN ORT, UM DEN ES IN DEN JEWEILIGEN SÄTZEN GEHT! (Z. B. "AT THE BUTCHER'S")

a. Jan has gone to buy some bread.

   ____

b. Cindy has got a terrible toothache.

   ____

c. Neil wants to buy some aspirin.

   ____

d. Roz is getting a new haircut.

   ____

e. Malcolm needs new glasses.

   ____

f. Anna is buying flowers for her mother's birthday.

   ____

g. Tom wants to get his wife a diamond ring.

   ____

7. STELLEN SIE DIE WÖRTER IN DIE RICHTIGE REIHENFOLGE!

a. the – for – waited – start – we – the – concert – of – impatiently
b. not – that's – book – Mike's – yours
c. to – people – speech – the – thousands – Queen's – of – listened
d. seat – room – of – please – at – take – the – a – back – the
e. bottom – the – ocean – ship – of – the – sank – the – to
f. brother – of – Harry's – York – the – lives – New – heart – in
g. is – friend – cousin – of – good – Sandy's – a – mine

1. Der Gebrauch des Adjektivs

Das Adjektiv (Eigenschaftswort) wird gebraucht, um ein Substantiv näher zu bestimmen; im Englischen verändert das Adjektiv seine Form nicht.

1.1 Prädikativer und attributiver Gebrauch

Man unterscheidet den prädikativen Gebrauch (1), bei dem das Adjektiv dem Substantiv mit einem Hilfsverb zugeordnet wird, und den attributiven Gebrauch (2), bei dem das Adjektiv vor dem Substantiv steht:

(1) *This car is expensive.*	**Dieses Auto ist teuer.**
(2) *This is an expensive car.*	**Dies ist ein teures Auto.**

1.2 Substantivierung von Adjektiven

Adjektive können als Substantive gebraucht werden, wenn vor ihnen der bestimmte Artikel steht. Sie drücken dann die Gesamtheit von Personen (1) oder einen abstrakten Begriff aus (2):

(1) *the rich*	**die Reichen**
(2) *the good*	**das Gute**

Anders als im Deutschen ist es im Englischen nicht möglich, Adjektive als Substantive in der Einzahl zu verwenden. Hier muss dem Adjektiv noch ein Substantiv folgen (3):

(3) *the blind man*	**der Blinde**

1.3 Substantivierung von Adjektiven, die eine Nationalität bezeichnen

Nationalitätsbezeichnungen, die auf *-an* enden, können als Substantive in der Einzahl und Mehrzahl verwendet werden:

Adjektiv	Einzahl	Substantiv	Mehrzahl
German	*a German*	*three Germans*	*the Germans*
deutsch	**ein Deutscher**	**drei Deutsche**	**die Deutschen**
American	*an American*	*four Americans*	*the Americans*
amerikanisch	**ein Amerikaner**	**vier Amerikaner**	**die Amerikaner**

Nationalitätsbezeichnungen, die auf *-se* oder auf *-ese* enden, besitzen in der Einzahl und der Mehrzahl die gleiche Form:

Adjektiv	Einzahl	Substantiv	Mehrzahl
Japanese	*a Japanese*	*six Japanese*	*the Japanese*
japanisch	**ein Japaner**	**sechs Japaner**	**die Japaner**

Bei Adjektiven, die auf *-sh* und *-ch* enden, wird bei der Verwendung für einzelne Personen *man* oder *woman*, bzw. für die Mehrzahl *men* oder *women* angehängt. Die endungslose Mehrzahl in Verbindung mit dem bestimmten Artikel bezeichnet die Nation im allgemeinen Sinn:

Adjektiv	Einzahl	Substantiv	Mehrzahl
English	*an Englishman*	*two Englishmen*	*the English*
englisch	**ein Engländer**	**zwei Engländer**	**die Engländer**

1.4 Der Gebrauch des Adjektivs ohne Substantiv

Ein Adjektiv kann nur dann ohne Substantiv verwendet werden, wenn das Substantiv in der Einzahl durch *one* (1), in der Mehrzahl durch *ones* (2) ersetzt wird:

Do you want the red or the blue notebook?	**Wollen Sie das rote oder das blaue Notizbuch?**
(1) *I'll have the blue one.*	**Ich nehme das blaue.**
(2) *Don't you have any better ones?*	**Haben Sie denn keine besseren?**

2. Die Steigerung des Adjektivs

2.1 Regelmäßig gesteigerte Adjektive

Grundform	1. Steigerungsstufe	2. Steigerungsstufe
(1) *tall*	*taller*	*tallest*
groß	**größer**	**am größten**
cheap	*cheaper*	*cheapest*
billig	**billiger**	**am billigsten**
(2) *happy*	*happier*	*happiest*
glücklich	**glücklicher**	**am glücklichsten**

Alle einsilbigen Adjektive (1) und alle zweisilbigen Adjektive, die auf *-y* enden (2), werden durch das Anhängen von *-er* und *-est* gesteigert.

Alle anderen Adjektive – alle zweisilbigen Adjektive, die nicht auf *-y* enden (3), und alle drei- und mehrsilbigen Adjektive (4) – werden mit *more* und *most* gesteigert:

(3)	***evil***	***more evil***	***most evil***
	übel	**übler**	**am übelsten**
(4)	***dangerous***	***more dangerous***	***most dangerous***
	gefährlich	**gefährlicher**	**am gefährlichsten**
(5)	***intelligent***	***more intelligent***	***most intelligent***
	intelligent	**intelligenter**	**am intelligentesten**

AUSNAHMEN: *stupid*, *little*, *clever*, u.a.

INFOKASTEN

Bitte beachten Sie: Wenn die 2. Steigerungsstufe in einem Satz verwendet wird, muss man sie immer mit *the* ergänzen.
Zum Beispiel:

These clothes are the most expensive.	**Diese Kleider sind am teuersten.**
These trousers are the cheapest.	**Diese Hose ist am billigsten.**

Bei der Steigerung mit *-er* und *-est* treten Veränderungen der Schreibweise auf: Folgt am Wortende einem Konsonanten ein *-y*, so wird dieses in der Steigerung zu *-i* (6). Folgt einem kurzen Vokal ein Konsonant am Wortende, so wird dieser verdoppelt (7). Endet das Adjektiv auf ein *-e*, das nicht gesprochen wird, so entfällt dieses (8):

(6) ***easy***	***easier***	***easiest***
(7) ***big***	***bigger***	***biggest***
(8) ***pure***	***purer***	***purest***

2.2 Unregelmäßig gesteigerte Adjektive

Folgende Adjektive werden unregelmäßig gesteigert:

good	***better***	***best***
gut	**besser**	**am besten**

bad	*worse*	*worst*
schlecht	schlechter	am schlechtesten
much	*more*	*most*
viel	mehr	am meisten
many	*more*	*most*
viele	mehr	am meisten
little	*less*	*least*
wenig	weniger	am wenigsten
far	*further*	*furthest*
weit	weiter	am weitesten

3. Der Vergleich des Adjektivs

Die Gleichheit zwischen Dingen und Personen wird im Englischen mit *„as ... as"* ausgedrückt:

(1)	*John is as tall as he is/as Tim.*	**John ist so groß wie er/wie Tim.**
(2)	*I have just as many cars as you/as you do.*	**Ich habe genauso viele Autos wie du.**

Die Ungleichheit zwischen Dingen und Personen wird mit *than* ausgedrückt:

(3)	*Tim is better at football than I am/than me.*	**Tim ist besser im Fußball als ich.**
(4)	*She is much less beautiful than my sister.*	**Sie ist viel weniger schön als meine Schwester.**

Das deutsche „je ... desto" bzw. „je ... um so" wird im Englischen mit *the* + 1. Steigerungsstufe ... *the* + 1. Steigerungsstufe wiedergegeben:

(5)	*The harder it rained, the worse the visibility became.*	**Je stärker es regnete, desto schlechter wurde die Sicht.**
(5)	*The more you eat, the fatter you'll become.*	**Je mehr du isst, um so dicker wirst du werden.**

ÜBUNGEN: DAS ADJEKTIV

1. ERGÄNZEN SIE DIE SÄTZE MIT EINEM PASSENDEN ADJEKTIV (DER ERSTE BUCHSTABE IST VORGEGEBEN)!

a. It was a really b_______ film. I fell asleep halfway through!

b. It's too hot in here. I'm going out to get some f_______ air.

c. He likes driving f_______ cars like Ferraris.

d. That hotel is very e_______. I can't afford to stay there.

e. We saw a lot of b_______ sunsets when we went to Bali.

f. It is u_______ to have a good dictionary if you're learning a language.

g. Germany is a r_______ country and India is a p_______ one.

h. This is a d_______ curve, so please drive carefully!

i. Jim is a very s_______ reader. It takes him ages to finish a book.

j. I'm feeling rather t_______. I think I'll lie down for half an hour.

2. WIE HEIßEN DIE STEIGERUNGSFORMEN DER FOLGENDEN ADJEKTIVE?

a. sharp ______________________________

b. busy ______________________________

c. little ______________________________

d. tired ______________________________

e. extravagant ______________________

f. far _________________________________

g. famous ___________________________

3. FINDEN SIE DAS GEGENTEIL!

a. 1. The River Thames is shorter than the Nile.
2. The Nile is _______________ than the Thames.

b. 1. English is easier to learn than Japanese.
2. Japanese is ________________ to learn than English.

c. 1. The weather in California is better than in Ireland.
2. The weather in Ireland is ________ than in California.

d. 1. The countryside is more beautiful than an industrial city.
2. An industrial city is _____________ than the countryside.

e. 1. Bill Gates has got more money than me.
2. I have got ________________ money than Bill Gates.

4. STELLEN SIE DIE WÖRTER IN DIE RICHTIGE REIHENFOLGE!

a. very – furniture – they – fashioned – have – old

b. as – sister's – his – is – hair – as – his – long

c. had – hotel – in – was – ever – we – dirtiest – it – stayed – the

d. extremely – their – Marion – interesting – is – friend

e. than – is – lot – intelligent – she – a – me – more

- **f.** you – money – have – the – less – will – more – the – buy – you
- **g.** had – I – the – it – holiday – ever – best – have – was

5. KORRIGIEREN SIE DIE SÄTZE!

- **a.** My sister Carolin is married to an Irish.

  ____

- **b.** Handicaps have a lot of disadvantages in our society.

  ____

- **c.** Only a wealthy could afford a holiday like that.

  ____

- **d.** There are a lot of Chineses on the course.

  ____

- **e.** The injured was lying next to her car.

  ____

- **f.** That man comes from Amsterdam. He's Hollandish.

  ____

- **g.** She is a deaf but she copes with her job very well.

  ____

- **h.** There are three Frenchmans living next door to me.

  ____

6. WELCHE SATZHÄLFTEN GEHÖREN ZUSAMMEN?

- **a.** The harder he worked
- **b.** The longer it snowed
- **c.** The older the wine
- **d.** The foggier it became
- **e.** The hotter the weather
- **f.** The further they walked
- **g.** The faster you finish
- **h.** The older you are
- **i.** The bigger the suitcase
- **j.** The more expensive the jacket

1. the more difficult it is to learn.
2. the better the quality.
3. the more dangerous the sun.
4. the more money he earned.
5. the more tired they became.
6. the more you can carry.
7. the harder it was to see clearly.
8. the more slippery the roads got.
9. the sooner you can go.
10. the better the taste.

7. WÄHLEN SIE DIE RICHTIGE ALTERNATIVE!

- **a.** London is **bigger than/bigger** as Stockholm.
- **b.** I play tennis **more well/better** than Patricia.
- **c.** That was the **worse/worst** book I have ever read!
- **d.** Russia is **not so modern as/not as modern as** France.
- **e.** We have **less/fewer** time than we thought.
- **f.** My maths teacher is **patienter/more patient** than my geography teacher.
- **g.** She has the **less/least** talent of all the singers.
- **h.** Which is **further/farer** from here – Los Angeles or Sydney?

Im Deutschen besteht oft der Form nach kein Unterschied zwischen einem Adverb (Umstandswort) (1) und einem Adjektiv (Eigenschaftswort) (2):

(1) **Er spricht ziemlich gut französisch.**	(2) **Sein Französisch ist ziemlich gut.**

Im Englischen hingegen würden die beiden Sätze lauten:

(1) ***He speaks French quite well.***	(2) ***His French is quite good.***

Es besteht also ein Unterschied zwischen einem Adjektiv und einem Adverb: Ein Adjektiv bestimmt ein Substantiv oder ein Personalpronomen – also eine Person oder eine Sache näher.

Das Adverb hat hingegen folgende Funktionen:

Es bestimmt ein Verb (3), ein Adverb (4), ein Adjektiv (5), einen ganzen Satz (6):

(3)	***The new teacher prepares his lessons well.***	**Der neue Lehrer bereitet seine Unterrichtsstunden gut vor.**
(4)	***He prepares his lessons extremely well.***	**Er bereitet seine Unterrichtsstunden äußerst gut vor.**
(5)	***His lessons are really interesting.***	**Seine Unterrichtsstunden sind sehr interessant.**
(6)	***Unfortunately he is very strict.***	**Leider ist er sehr streng.**

1. Die Formen des Adverbs

Die Adverbien lassen sich nach der Art ihrer Bildung in zwei Gruppen unterteilen: in die abgeleiteten Adverbien und die ursprünglichen Adverbien.

1.1 Die abgeleiteten Adverbien

Die abgeleiteten Adverbien werden gebildet durch das Anhängen von *-ly* an das Adjektiv (1):

(1)	*slow*	*slowly*	langsam
(1)	*nice*	*nicely*	nett

Bei der Bildung der abgeleiteten Adverbien mit *-ly* ist Folgendes zu beachten:

Endet das Adjektiv auf *-y*, so wird *-y* zu *-i* (2):

(2)	*easy*	*easily*	leicht
(2)	*busy*	*busily*	beschäftigt

AUSNAHMEN:

shy	*shyly*	scheu, schüchtern
dry	*dryly*	trocken; langweilig

Endet das Adjektiv auf *-le* und steht davor ein Konsonant, so entfällt das *-e* (3):

(3)	*simple*	*simply*	einfach

Endet das Adjektiv auf *-ic*, wird *-ally* angehängt (4):

(4)	*basic*	*basically*	grundsätzlich

AUSNAHME:

public	*publicly*	öffentlich

Endet das Adjektiv auf *-ll*, so entfällt ein *-l* (5):

(5)	*full*	*fully*	voll

Andere Besonderheiten:

true	*truly*	wahr, wirklich
due	*duly*	fällig; ordnungsgemäß
whole	*wholly*	ganz, gänzlich

1.2 Die ursprünglichen Adverbien

Neben den abgeleiteten Adverbien gibt es die so genannten ursprünglichen Adverbien, die nicht von einem Adjektiv abgeleitet werden (z. B. *yesterday* – gestern, *here* – hier). Von den ursprünglichen Adverbien können einige auch als Adjektiv verwendet werden. Eine einzige Form dient hier also als Adjektiv (1) und als Adverb (2):

(1)	*The Guardian is a daily newspaper.*	**Der Guardian ist eine Tageszeitung.**
(2)	*It comes out daily.*	**Sie erscheint täglich.**

Die Wichtigsten davon sind:

fast	**schnell**	*straight*	**gerade**
long	**lang**	*daily*	**täglich**
low	**niedrig**	*weekly*	**wöchentlich**

1.3 Unregelmäßig gebildete Adverbien und Sonderformen

Eine wichtige Besonderheit stellen Adverbien dar, die die gleiche Form wie das entsprechende Adjektiv haben, zusätzlich jedoch noch eine mit *-ly* gebildete Form besitzen. Diese Gruppe ist besonders wichtig, weil die mit *-ly* abgeleiteten Adverbien eine andere Bedeutung haben. Zu dieser Gruppe zählen:

Adjektiv und Adverb		Adverb	
hard	**schwer; hart**	*hardly*	**kaum**
late	**spät**	*lately*	**kürzlich**
fair	**fair**	*fairly*	**ziemlich**

Bei Adjektiven, die bereits auf *-ly* enden, wird eine Umschreibung mit *in a ... way* gewählt (1):

(1) *He smiled in a friendly way.* **Er lächelte freundlich.**
AUSNAHME: *weekly, daily*

INFOKASTEN

Obwohl das Adverb von *good* „*well*" ist, muss man in seltenen Fällen *good* verwenden:

Beispiel: ***The soup smells really good.***	**Die Suppe riecht sehr gut.**
Nicht: ***The soup smells really well.***	**Die Suppe kann sehr gut riechen.**

AUSNAHME: Man kann beide der folgenden Sätze sagen:

I don't feel very good.	
I don't feel very well.	**Ich fühle mich nicht so gut.**

1.4 Besonderheiten beim Gebrauch des Adverbs

Normalerweise werden Verben durch ein Adverb näher bestimmt. Es gibt jedoch Verben, die in einer bestimmten Bedeutung *keine Handlung*, sondern die *Eigenschaft* eines Substantivs ausdrücken und deshalb nicht mit einem Adverb, sondern mit einem Adjektiv verbunden werden.

Nach diesen Verben stehen statt Adverbien Adjektive:

taste	**schmecken**	*sound*	**sich anhören**	*seem*	**scheinen**
smell	**riechen**	*feel*	**sich fühlen**	*look*	**aussehen**

In dieser Bedeutung könnten die obigen Verben, ohne dass sich der Sinn des Satzes wesentlich verändert, durch eine entsprechende Form von *to be* (sein) ersetzt werden (1):

(1) ***The restaurant looked shabby and the food tasted horrible.***	**Das Restaurant sah schmuddelig aus und das Essen schmeckte furchtbar.**

In anderer Bedeutung jedoch werden diese Verben mit einem Adverb konstruiert (2):

(2) ***The customer tasted the wine carefully.***	**Der Gast kostete vorsichtig den Wein.**

Ebenso steht im Englischen nach den Verben *turn, go, become, get* in der Bedeutung „werden" ein Adjektiv, weil diese Verben die Veränderung eines Zustandes ausdrücken (3):

(3) ***The boss became/went/got angry when he saw that his secretary had erased all his files.***	**Der Chef wurde wütend, als er feststellte, dass seine Sekretärin alle Dateien gelöscht hatte.**

2. Die Steigerung des Adverbs

Alle einsilbigen Adverbien (und das sind in der Regel die ursprünglichen Adverbien) werden mit *-er* und *-est* gesteigert.

Grundform	1. Steigerungsstufe	2. Steigerungsstufe
late	*later*	*latest*
spät	**später**	**am spätesten**
fast	*faster*	*fastest*
schnell	**schneller**	**am schnellsten**

Alle anderen Adverbien werden mit *more* und *most* gesteigert:

carefully	*more carefully*	*most carefully*
vorsichtig	**vorsichtiger**	**am vorsichtigsten**
brightly	*more brightly*	*most brightly*
hell	**heller**	**am hellsten**

INFOKASTEN

Folgende Adverbien werden unregelmäßig gesteigert:

well	*better*	*best*	**gut**	**besser**	**am besten**
much	*more*	*most*	**viel**	**mehr**	**am meisten**
badly	*worse*	*worst*	**schlecht**	**schlechter**	**am schlechtesten**
a little	*less*	*least*	**ein wenig**	**weniger**	**am wenigsten**

3. Der Vergleich des Adverbs

Die Gleichheit zwischen zwei Adverbien wird mit *as ... as* ausgedrückt (1):

(1) *Tim ran as fast as he could.*	**Tim rannte so schnell er konnte.**
(1) *She answered him as politely as possible.*	**Sie antwortete ihm so höflich wie möglich.**

Die Ungleichheit zwischen zwei Adverbien wird mit *than* ausgedrückt (2):

(2)	*Tom ran faster than Tim.*	**Tom rannte schneller als Tim.**
(2)	*She answered him more politely than me.*	**Sie antwortete ihm höflicher als ich.**

Das deutsche „je ... desto“ bzw. „je ... um so“ wird im Englischen mit *the* + 1. Steigerungsstufe wiedergegeben. Die normale Stellung Subjekt-Prädikat bleibt dabei jedoch erhalten (3):

(3)	*The sooner you come the better.*	**Je eher du kommst, desto besser.**
(3)	*The longer he waited, the more nervous he got.*	**Je länger er wartete, desto nervöser wurde er.**

4. Die Stellung des Adverbs

Im Deutschen wie auch im Englischen können Adverbien und adverbiale Bestimmungen an verschiedenen Stellen im Satz stehen; sie betonen dadurch ganz unterschiedliche Teile des Satzes. Da sich im Englischen die Stellung der Adverbien im Satz häufig danach richtet, welchen Umstand sie angeben, ist es von Vorteil, die einzelnen Adverbien und adverbialen Bestimmungen in folgende Gruppen einzuteilen:

Adverbien der Art und Weise:
Dazu gehören die meisten der mit *-ly* abgeleiteten Adverbien wie z. B.

nervously - **nervös**, *properly* - **richtig** etc.

Adverbien des Ortes:

here - **hier**, *in (London)* - **in (London)**, *from (Chile)* - **aus (Chile)**, *everywhere* - **überall**, *there* - **dort** etc.

Adverbien der Zeit:

yesterday - **gestern**, *today* - **heute**, *five minutes ago* - **vor fünf Minuten**, *soon* - **bald**, *far* - **weit** etc.

Adverbien der unbestimmten Häufigkeit:

sometimes	manchmal	*never*	niemals
frequently	häufig	*ever*	jemals
seldom	selten	*usually*	gewöhnlich
always	immer	*often*	oft

Adverbien der bestimmten Häufigkeit:

weekly	wöchentlich	*once*	einmal
every day	jeden Tag	*twice*	zweimal
daily	täglich	*three times*	dreimal
monthly	monatlich		

Adverbien des Grades:
Sie verstärken eine Aussage oder schwächen sie ab. Dazu gehören z. B.:

fairly - **ziemlich**, *very* - **sehr**, *almost* - **fast** etc.

Adverbien, die einen ganzen Satz bestimmen:

obviously	offensichtlich	*actually*	tatsächlich
luckily	glücklicherweise	*perhaps*	vielleicht
maybe	vielleicht	*fortunately*	glücklicherweise

Die wichtigsten Regeln für die Stellung von Adverbien und adverbialen Ausdrücken sind: Adverbien der Art und Weise (1), des Ortes (2) und der Zeit (3) stehen gewöhnlich am Satzende:

(1)	*He drove carefully.*	**Er fuhr vorsichtig.**
(2)	*I met him in London.*	**Ich traf ihn in London.**
(3)	*Don't come late.*	**Komm nicht spät.**

Adverbien der Zeit und des Ortes können auch am Satzanfang stehen, wenn sie betont werden sollen.
Enthält ein Satz mehrere aufeinander folgende Adverbien bzw. adverbiale Bestimmungen, so stehen sie in der Reihenfolge *Art und Weise, Ort, Zeit* am Satzende (4).

(4)	*Peter waited impatiently at the bus stop yesterday.*	**Peter wartete gestern ungeduldig an der Bushaltestelle.**

Adverbien der unbestimmten Häufigkeit stehen im Allgemeinen zwischen dem Subjekt und dem Hauptverb (5), nach dem ersten Hilfsverb (6) und nach den Formen von *to be*, wenn *to be* Hauptverb ist (7):

(5)	*He always comes late.*	**Er kommt immer spät.**
(5)	*He quickly put on his shoes.*	**Er zog schnell seine Schuhe an.**
(6)	*He has never been late before.*	**Er ist früher nie zu spät gekommen.**
(6)	*We will probably do that.*	**Das werden wir wahrscheinlich machen.**
(7)	*He is often ill.*	**Er ist oft krank.**
(7)	*They are never helpful.*	**Sie sind nie hilfreich.**

Adverbien der bestimmten Häufigkeit stehen meist am Satzende (8):

(8)	*I've read this article twice.*	**Ich habe diesen Artikel zweimal gelesen.**
(8)	*You will have to repeat this exercise three times.*	**Sie werden diese Übung dreimal wiederholen müssen.**

Adverbien des Grades stehen meist unmittelbar vor dem Wort, auf das sie sich beziehen (9):

(9)	*Peter particularly liked the beginning of the film.*	**Peter mochte besonders den Anfang des Films.**

Adverbien, die einen ganzen Satz bestimmen, stehen meist am Anfang des Satzes (10):

(10)	*Luckily someone found my wallet.*	**Glücklicherweise fand jemand meine Brieftasche.**

Im Unterschied zum Deutschen treten im Englischen Adverbien nie zwischen Verb und direktes Objekt (11):

(11)	*Jenny quickly sent a text message.*	**Jenny schickte schnell eine SMS.**

ÜBUNGEN: DAS ADVERB

1. SETZEN SIE DAS RICHTIGE WORT EIN, ALS ADJEKTIV ODER ADVERB!

(angry, bad, careful, dangerous, easy, good, happy, hard, quick, rough, serious, simple, sudden)

a. _________ they heard a loud scream.

b. Oliver drove _________ along the icy road.

c. Please be _________! We don't have much time.

d. The children played _________ on the beach.

e. It is too _________ to go for a swim when the sea is so _________.

f. It was a _________ accident, but no-one was _________ injured.

g. I didn't know you could sing so _________. What a lovely voice!

h. Abigail has been working much too _________ recently.

i. It's very _______ to operate: _______ insert the card into this slot.

2. WÄHLEN SIE DIE RICHTIGE VARIANTE!

a. Mmm! That soup smells really **well/good**!

b. A teacher should be able to explain things **well/good**.

c. Have you seen Chris **late/lately**?

d. The train arrived **late/lately** because of a broken signal.

e. I don't really know Jill, but she seems **pleasant/pleasantly**.

f. The sun was shining and the day was **pleasant/pleasantly** warm.

g. I've **hard/hardly** thought about work at all this week.

h. She thought **hard/hardly** before answering my question.

i. The doctor **gentle/gently** felt the boy's head.

j. The breeze felt **gentle/gently** on our faces.

3. ÜBERSETZEN SIE!

a. "Kann ich Ihnen helfen?" fragte sie freundlich.

____

b. Das Essen schmeckte schrecklich.

____

c. Ich werde monatlich bezahlt.

____

d. Sie redeten so leise wie möglich.

____

e. Er spricht Französich viel fließender als ich.

____

f. Das Geschenk war nett verpackt.

____

4. KORRIGIEREN SIE – WO NÖTIG!

a. I have always a cup of tea first thing in the morning.

____

b. Did you yesterday see that programme about Canada?

____

c. She is seldom late for work.

____

d. I buy milk one time in the week.

____

e. They ever go to their house in Spain for their holidays.

____

f. I've never actually met a famous person.

____

g. Nothing was luckily stolen during the break-in.

____

h. Tim used to sometimes play football.

____

i. She seems to buy a new pair of shoes every week.

____

j. You can tell us perhaps the quickest way to the station.

____

5. WELCHE SATZHÄLFTEN GEHÖREN ZUSAMMEN?

a. The film was not particularly
b. They finished the job incredibly
c. The service was absolutely
d. My grandfather is amazingly
e. Her aunt is seriously
f. I'm afraid I'll be extremely
g. You're very
h. The drinks were fairly
i. She doesn't speak English really
j. I'm reasonably

1. ill in hospital.
2. cheap in that pub.
3. happy with the result.
4. exciting.
5. fluently.
6. quickly.
7. fit for his age.
8. busy all this week.
9. appalling in the hotel.
10. lucky that someone stopped to help you.

6. ERGÄNZEN SIE DIE SÄTZE MIT EINEM ADVERB (DER ERSTE BUCHSTABE IST VORGEGEBEN)!

a. A sprinter is someone who runs very f_________.
b. The Times newspaper is printed d_________.
c. I don't need the exact price, but can you tell me r_________ how much it will cost?
d. Make sure all doors are s_________ locked when leaving the building.
e. He said he was late because of the traffic, but he had o_________ just overslept.
f. She c_________ knocked over the vase with her elbow and it smashed.
g. It was a real surprise when an old friend of mine turned up u_________.
h. After a long drive, we f_________ arrived at one o'clock in the morning.
i. The surgeons s_________ carried out the heart transplant.
j. We were hiking in the mountains when it started to rain h_________.

Man unterscheidet drei Arten von Verben:
Vollverben, die eine Tätigkeit oder einen Zustand ausdrücken (z. B. *go* – gehen, *own* – besitzen), *Hilfsverben*, die zur Bildung der zusammengesetzten Zeiten gebraucht werden, und *modale Hilfsverben*, die die Aussage eines Vollverbs modifizieren (z. B. *must* – müssen, *can* – können).
Die Verben *be, have, do* und die modalen Hilfsverben bilden oft in Verbindung mit einem Pronomen bzw. Substantiv (1) und in der Verneinung (2) so genannte Kurzformen, die die Aussprache erleichtern und hauptsächlich im gesprochenen Englisch vorkommen:

	Langform	Kurzform
(1)	***He has got a lot of friends.***	***He's got a lot of friends.***
	Er hat viele Freunde.	
(2)	***He need not do that.***	***He needn't do that.***
	Er braucht das nicht zu tun.	

1. Die Verben *to have, to be* und *to do*

Unter den Hilfsverben nehmen *do, be* und *have* eine besonders wichtige Funktion ein, weil mit ihnen die Fragen, die Verneinung, alle zusammengesetzten Zeiten und das Passiv gebildet werden können. Darüber hinaus sind diese drei Verben auch Vollverben.

1.1 *to have*

Die drei Grundformen von *have* lauten:

Infinitiv	Imperfekt	Partizip Perfekt
have **haben**	***had*** **hatte**	***had*** **gehabt**

Gegenwart	Present Tense	Kurzform	Verneinung	Kurzform
I have	**ich habe**	***I've***	***I have not***	***I haven't***
you have	**du hast**	***you've***	***you have not***	***you haven't***
he has	**er hat**	***he's***	***he has not***	***he hasn't***
she has	**sie hat**	***she's***	***she has not***	***she hasn't***

it has	**es hat**	*it's*	*it has not*	*it hasn't*
we have	**wir haben**	*we've*	*we have not*	*we haven't*
you have	**ihr habt**	*you've*	*you have not*	*you haven't*
they have	**sie haben**	*they've*	*they have not*	*they haven't*

Die Kurzformen *'ve, haven't* und *hasn't* können nur dann gebraucht werden, wenn nach ihnen eine andere Verbform folgt (1):

(1) *I've got a car.*	**Ich habe ein Auto.**
(1) *I've had my car for 5 years.*	**Ich habe mein Auto jetzt schon 5 Jahre.**
ABER:	
I have a car.	**Ich besitze/habe ein Auto.**

Imperfekt	Past Tense	Kurzform	Verneinung	Kurzform
I had	**ich hatte**	*I'd*	*I had not*	*I hadn't*
you had	**du hattest**	*you'd*	*you had not*	*you hadn't*
he had	**er hatte**	*he'd*	*he had not*	*he hadn't*
she had	**sie hatte**	*she'd*	*she had not*	*she hadn't*
it had	**es hatte**	*it'd*	*it had not*	*it hadn't*
we had	**wir hatten**	*we'd*	*we had not*	*we hadn't*
you had	**ihr hattet**	*you'd*	*you had not*	*you hadn't*
they had	**sie hatten**	*they'd*	*they had not*	*they hadn't*

1.1.1 Die Verwendung von *to have* als Hilfsverb

Das Deutsche kennt zwei Hilfsverben zur Bildung der zusammengesetzten Zeiten: sein und haben. Das Englische benutzt hier nur die unterschiedlichen Formen von *to have*:

Die Formen der Gegenwart von *have* werden für die Bildung des Perfekts verwendet (2):

(2) Perfekt	*I have learnt.*	**Ich habe gelernt.**
Infinitiv Perfekt	*have learnt*	**gelernt haben**

Mit der Imperfektform *had* wird das Plusquamperfekt gebildet (3):

(3) Plusquamperfekt	*I had learnt.*	**Ich hatte gelernt.**

1.1.2 Die Verwendung von *to have* als Vollverb

Have kann wie im Deutschen beides sein: Vollverb und Hilfsverb. Der einzige Unterschied in den Formen zwischen *have* als Vollverb und Hilfsverb liegt in der Verneinung und in der Bildung der Frage.

INFOKASTEN

Bei *to have* in seiner Funktion als Vollverb wird (wie bei jedem anderen Vollverb) sowohl die Frage als auch die Verneinung mit einer entsprechenden Form von *to do* gebildet.

In der Umgangssprache wird für die Gegenwart von *have* die Form *have got* (bekommen haben) verwendet (4):

(4)	***Have you got my key?***	**Hast du meinen Schlüssel?**
	Susan has got your key.	**Susan hat deinen Schlüssel.**

(*have to* als Ersatzform für *must* → S. 42)

1.1.3 Überblick über die Formen von *to have* als Vollverb

Zeiten	Aussageform	Verneinte Form
Present Tense	***I have (I've got)***	***I haven't got/I don't have***
(Gegenwart)	**ich habe**	
Past Tense	***I had***	***I didn't have***
(1. Vergangenheit)	**ich hatte**	
Present Perfect	***I have had***	***I haven't had***
(2. Vergangenheit)	**ich hatte gehabt**	
Will-Future	***I will have***	***I will not/won't have***
(Zukunft I)	**ich werde haben**	
Future Perfect	***I will have had***	***I won't have had***
(Zukunft II)	**ich werde gehabt haben**	
Conditional Tense	***I would have***	***I wouldn't have***
(Konditional I)	**ich würde haben**	
Conditional Perfect	***I would have had***	***I wouldn't have had***
(Konditional II)	**ich würde gehabt haben**	

1.2 *to be*

Infinitiv	Imperfekt	Partizip Perfekt		
to be	*was/were*	*been*		
sein	**war/waren**	**gewesen**		
Gegenwart	Present Tense	Kurzform	Verneinung	Kurzform
I am	**ich bin**	*I'm*	*I am not*	*I'm not*
you are	**du bist**	*you're*	*you are not*	*you aren't*
he is	**er ist**	*he's*	*he is not*	*he isn't*
she is	**sie ist**	*she's*	*she is not*	*she isn't*
it is	**es ist**	*it's*	*it is not*	*it isn't*
we are	**wir sind**	*we're*	*we are not*	*we aren't*
you are	**ihr seid**	*you're*	*you are not*	*you aren't*
they are	**sie sind**	*they're*	*they are not*	*they aren't*

Imperfekt	Past Tense	Verneinung	Kurzform
I was	**ich war**	*I was not*	*I wasn't*
you were	**du warst**	*you were not*	*you weren't*
he was	**er war**	*he was not*	*he wasn't*
she was	**sie war**	*she was not*	*she wasn't*
it was	**es war**	*it was not*	*it wasn't*
we were	**wir waren**	*we were not*	*we weren't*
you were	**ihr wart**	*you were not*	*you weren't*
they were	**sie waren**	*they were not*	*they weren't*

1.2.1 Die Verwendung von *to be* als Hilfsverb

Mit *to be* werden die Verlaufsform (Progressive Form) (1) und das Passiv (2) gebildet:

(1) *He is working.*	**Er arbeitet gerade.**
(2) *It is made of wood.*	**Es ist aus Holz gemacht.**

1.2.2 Die Verwendung von *to be* als Vollverb

To be wird im Deutschen oft sinngemäß übersetzt (3):

(3) *There was litter all over the place.*	**Überall lag Abfall herum.**

INFOKASTEN

Das deutsche „es gibt" wird im Englischen mit *there is/there are* wiedergegeben (4):

(4) *Nowadays there are many accidents on the roads.* **Heutzutage gibt es viele Unfälle auf den Straßen.**

1.2.3 Überblick über die Formen von *to be*

Zeiten	Aussageform		Verneinung	Kurzform
Present Tense	*I am* **ich bin**	*I'm*	*I am not*	*I'm not*
Past Tense	*I was* **ich war**		*I was not*	*I wasn't*
Present Perfect	*I have been* **ich bin gewesen**	*I've been*	*I have not been*	*I haven't been*
Will-Future	*I will be* **ich werde sein**	*I'll be*	*I will not be*	*I won't be*
Future Perfect	*I will have been* **ich werde gewesen sein**	*I'll have been*	*I will not have been*	*I won't have been*
Conditional Tense	*I would be* **ich würde sein (wäre)**	*I'd be*	*I would not be*	*I wouldn't be*
Conditional Perfect	*I would have been* **ich würde gewesen sein**	*I'd have been*	*I would not have been*	*I wouldn't have been*

1.3 *to do*

Infinitiv	Imperfekt	Partizip Perfekt	
do **tun**	*did* **tat**	*done* **getan**	
Imperfekt	Past Tense	Verneinung	Kurzform
I did	**ich tat**	*I did not*	*I didn't*
you did	**du tatest**	etc.	etc.

1.3.1 Die Verwendung von *to do* als Hilfsverb

Do und die Vergangenheit *did* werden für die Bildung der Fragen und der Verneinung bei Vollverben verwendet.

Gegenwart	Present Tense	Verneinung	Kurzform
I do	**ich tue**	*I do not*	*I don't*
you do	**du tust**	*you do not*	*you don't*
he/she/it does	**er/sie/es tut**	*he/she/it does not*	*he/she/it doesn't*
we do etc.	**wir tun** etc.	*we do not* etc.	*we don't* etc.

1.3.2 Die Verwendung von *to do* als Vollverb

Do als Vollverb bereitet manchmal Schwierigkeiten, da es in Fragen, die mit *do* oder *did* gebildet werden, zweimal auftaucht, als Hilfsverb (1) und als Vollverb (2):

Why did (1) *he do* (2) *it?*	**Warum tat er es?**
What do (1) *they do* (2) *in the evening?*	**Was machen sie abends?**

2. Die modalen Hilfsverben

Die modalen Hilfsverben (Hilfszeitwörter) werden benutzt, um die Aussage eines Verbs zu verändern (1):

(1)	*He can swim well.*	**Er kann gut schwimmen.**
	He swims well.	**Er schwimmt gut.**

Im Vergleich zu den Vollverben weisen die modalen Hilfsverben im Englischen einige auffällige Merkmale auf:
Die modalen Hilfsverben haben in der 3. Person Einzahl kein *-s* (2), die Verneinung wird durch das Anhängen von *not* gebildet (3), und die Frage wird nicht mit *do* umschrieben (4):

(2)	*He must be in his office.*	**Er muss in seinem Büro sein.**
(3)	*He need not/needn't come.*	**Er braucht nicht zu kommen.**
(4)	*Can I borrow your mobile?*	**Kann ich dein Handy ausleihen?**

INFOKASTEN

Eine weitere Eigenart der modalen Hilfsverben ist, dass viele von ihnen nicht in die Vergangenheit gesetzt werden können. Es gibt daher bei einer Reihe von ihnen Ersatzformen, z. B.:

modales Hilfsverb	*must*	*I must do it.*	**Ich muss es tun.**
Ersatzform	*have to*	*I have to do it.*	**Ich muss es tun.**
Simple Past	*had to*	*I had to do it.*	**Ich musste es tun.**

2.1 *must* – müssen; *mustn't* – nicht dürfen

Präsens	Ersatzform		Imperfekt	
must	*have to*	**müssen**	*had to*	**musste**
must not	*not to be allowed to*	**nicht dürfen**	*was/were not allowed to*	**durfte(n) nicht**

Must drückt einen Zwang und eine Schlussfolgerung aus. In diesen Bedeutungen ist es mit dem deutschen „müssen" identisch.
Die verneinte Form *mustn't* bzw. die verneinte Ersatzform *not to be allowed to* drükkt ein Verbot aus (1):

(1)	*We were not allowed to use the library.*	**Wir durften die Bücherei nicht benutzen.**

Das deutsche „nicht müssen" wird mit *needn't, don't need to* und *don't have to* wiedergegeben.

2.2 *need not* – nicht müssen/brauchen

Präsens	Ersatzform		Imperfekt	
needn't	*not to*	**nicht müssen**	*didn't have to*	**musste(n) nicht**
don't need to	*have to*			

Needn't drückt aus, dass etwas nicht getan werden muss bzw. braucht (1):

(1)	*You don't need to wait here.*	**Du musst hier nicht warten.**

Als Hilfsverb existiert nur *need not/needn't*. Die positive Form *need* ist ein Vollverb, d. h. es hat in der 3. Person Einzahl ein *-s* (2), und die Verneinung wird mit *do* gebildet (3):

(2)	*Your hair needs cutting.*	**Dein Haar muss geschnitten werden (wörtlich: braucht das Schneiden).**
(3)	*We don't need two cars.*	**Wir brauchen keine zwei Autos.**

Vergleiche *need* als Vollverb (4) und das Hilfsverb *needn't* (5):

(4)	*You don't need to go.*	**Du brauchst nicht zu gehen.**
(5)	*You needn't go.*	**Du brauchst nicht zu gehen.**

2.3 *can* – können

Präsens	Ersatzform		Imperfekt	
can	*to be able to*	**können**	*was/were able to, could*	**konnte(n)**
cannot	*not to be able to*	**nicht können**	*was/were not able to, could not*	**konnte(n) nicht**

Can entspricht dem deutschen „können" und drückt eine Fähigkeit und eine Möglichkeit aus. In einer Frage drückt *can* eine Bitte und *can't* einen Vorschlag aus.

INFOKASTEN

Für die Vergangenheit stehen zwei Formen zur Verfügung: *could* und *was/were able to* (bzw. deren Verneinung).

Zum Ausdruck einer allgemeinen Fähigkeit kann *could* oder *was/were able to* verwendet werden (1):

(1)	*When I was a boy, I could/ was able to run very fast.*	**Als ich ein Junge war, konnte ich sehr schnell laufen.**

Bezieht man sich auf eine einmalige Handlung in der Vergangenheit im Sinne von „schaffte es", so ist nur *was/were able to* möglich (2):

(2) ***I was even able to win the school championship.***	**Ich konnte sogar die Schulmeisterschaft gewinnen.**

2.4 *could* – konnte/könnte

Could drückt in Fragen eine höfliche Bitte (1) oder auch eine vorsichtige Vermutung aus (2):

(1) ***Could I use your pen?***	**Könnte ich Ihren Stift haben?**
(2) ***Couldn't you be mistaken?***	**Könntest du dich nicht täuschen?**

2.5 *may* – dürfen

Präsens	Ersatzform		Imperfekt	
may	***to be allowed to***	**dürfen**	***was/were allowed to***	**durfte(n)**
may not	***not to be allowed to***	**nicht dürfen**	***wasn't/weren't allowed to***	**durfte(n)**

May drückt eine Bitte um Erlaubnis (1), eine Erlaubnis (2) oder eine Möglichkeit (3) aus:

(1) ***May I go to the disco?***	**Darf ich zur Disco gehen?**
(2) ***Yes, of course you may.***	**Na klar, du darfst gehen.**
(3) ***He may be right.***	**Er könnte Recht haben.**

May not und die entsprechende Ersatzform *not to be allowed to* geben eine Verbotsanweisung wieder (4):

(4) ***We were not allowed to use the swimming pool.***	**Wir durften das Schwimmbecken nicht benutzen.**

2.6 *might* – könnte vielleicht

Might drückt ähnlich wie *may* aus, dass etwas möglich sein könnte.
Wird *might* verwendet, hält es der Sprecher jedoch für eher unwahrscheinlich, dass dieses Ereignis wirklich eintritt (1):

(1) ***He might pass the exam.***	**Er könnte die Prüfung schaffen.**

2.7 *should/ought to* – sollen

Mit *should* und *ought to* wird zum Ausdruck gebracht, was man (eigentlich) tun sollte (1): *Should* drückt mehr die subjektive Meinung des Sprechers aus, *ought to* mehr, was man nach allgemeinen moralischen Maßstäben tun sollte:

(1) ***I think you should pay/ ought to pay the money back.***	**Ich finde, du solltest das Geld zurückzahlen.**

2.8 *shall* – sollen

Shall drückt das deutsche „sollen" in einer Frage aus, die ein Angebot (1) oder eine Anweisung (2) beinhaltet:

(1) ***Shall I help you?***	**Soll ich Ihnen helfen?**
(2) ***What time shall I pick you up?***	**Wann soll ich dich abholen?**

2.9 *will* – werden

Will drückt eine Vermutung (1) und eine Aufforderung (2) aus; es dient zum Ausdruck der Zukunft (3):

(1) ***That will be Jane.***	**Das ist vermutlich Jane.**
(2) ***Will you please wait here?***	**Warten Sie bitte hier.**
(3) ***Will you be here tomorrow?***	**Wirst du morgen da sein?**

INFOKASTEN

Mit *will* wird auch das Futur II (Future Perfect) gebildet (4):

(4) *He will be caught.* Er wird geschnappt werden.

2.10 *would* – würde

Would drückt in der Frage eine höfliche Bitte oder eine Aufforderung aus (1):

(1) ***Would you follow me, please?***	**Würden Sie mir bitte folgen?**

2.11 *Used to* – (tat) früher

Used to drückt aus, dass früher etwas der Fall war, jetzt aber nicht mehr zutrifft (1):

(1) ***I used to smoke a lot.***	**Früher habe ich viel geraucht.**

2.12 Der Infinitiv Perfekt nach den modalen Hilfsverben

Nach allen modalen Hilfsverben (außer *shall, used to* und *dare*) kann der Infinitiv Perfekt stehen. Der Sprecher bezieht sich auf ein Ereignis in der Gegenwart und sagt, was in der Vergangenheit hätte getan werden sollen, müssen, können (1):

Situation: ein Unfall

(1)	*He should have driven more carefully.*	**Er hätte vorsichtiger fahren sollen.**
(1)	*He might have avoided the accident, if he had ...*	**Er hätte den Unfall vielleicht vermeiden können, wenn er ...**
(1)	*He must have been mad to drive a car with tyres like these.*	**Er muss verrückt gewesen sein, mit solchen Reifen zu fahren.**

2.13 Englische Entsprechungen des deutschen „sollen" und „lassen"

Die Übersetzung von „sollen" und „lassen" stellt häufig eine Schwierigkeit dar, weil für beide deutschen Hilfsverben im Englischen verschiedene Entsprechungen benutzt werden.

2.13.1 sollen

Bei der Weitergabe des Befehls eines Dritten (1) und bei Anweisungen, die man auszuführen hat (2), wird *be to* verwendet:

(1)	*The boss says that you are to call him at once.*	**Der Chef sagt, dass du ihn sofort anrufen sollst.**
(2)	*I am to have lunch with our new partners tomorrow.*	**Ich soll morgen mit unseren neuen Partnern zu Mittag essen.**

Im Englischen gebraucht man zur Wiedergabe eines Gerüchts (3) oder einer allgemein herrschenden Meinung (4) die Wendung *to be said* zusammen mit dem Infinitiv mit *to*:

(3)	*He is said to be a millionaire.*	**Er soll ein Millionär sein.**
(4)	*The Red Lion is said to be the best pub in this town.*	**Das Red Lion soll die beste Kneipe in dieser Stadt sein.**

Bei einer Verabredung oder einem Termin wird *to be supposed to* verwendet (5):

(5) ***I am supposed to wait here.***	**Ich soll hier warten (d. h. ich habe mich hier verabredet).**

Bei einem Verhalten, das allgemein erwartet wird, steht ebenfalls *to be supposed to* (6):

(6) ***You're not supposed to smoke in here.***	**Sie sollen hier nicht rauchen.**

Zum Ausruck einer (moralischen) Verpflichtung benutzt man im Englischen *should/ought to* (7):

(7) ***You should drive/ought to drive more carefully.***	**Du solltest wirklich vorsichtiger fahren.**

2.13.2 lassen

Im Sinne von „etwas veranlassen" wird folgende Konstruktion verwendet (1):

(1) ***to have something done*** (Partizip Perfekt)

VERGLEICHE:

He had cut his hair.	**Er hatte sich die Haare geschnitten.**
He had his hair cut.	**Er ließ sich die Haare schneiden.**

„Lassen" im Sinne von „jemanden veranlassen" wird mit folgender Konstruktion wiedergegeben (2):

(2) ***to make someone do something***

Im Sinne von „etwas zulassen, erlauben" wird *let* verwendet (3):

(3) ***My parents never let me stay up late.***	**Meine Eltern lassen mich nie lange aufbleiben.**

3. Die Vollverben

Vollverben (Zeitwörter) zeichnen sich durch folgende Eigenschaften aus:
Sie bilden die 3. Person Einzahl mit *-s* (1), die Frage im Simple Present und Simple Past wird mit einer Form von *to do* umschrieben (2), und sie können als Objekt den Infinitiv mit *to* anschließen (3):

(1) ***His sister often goes to church.***	**Seine Schwester geht oft in die Kirche.**
(2) ***Where did you buy that pullover?***	**Wo hast du diesen Pullover gekauft?**
(3) ***We want to leave tomorrow morning.***	**Wir wollen morgen früh wegfahren.**

Jedes Vollverb besitzt drei Formen, mit denen sich alle Zeiten und Aussageweisen bilden lassen. Diese Formen sind:

Infinitiv	Imperfekt	Partizip Perfekt
go	***went***	***gone***
gehen	**ging**	**gegangen**

Nach der Art und Weise, wie das Imperfekt und das Partizip Perfekt gebildet werden, lassen sich die Vollverben in zwei Gruppen einteilen:

Die regelmäßigen Vollverben

Die regelmäßigen Vollverben bilden das Imperfekt und das Partizip Perfekt mit der Endung *-ed* (1):

Infinitiv	Imperfekt	Partizip Perfekt
wait	(1) ***waited***	(1) ***waited***
warten	**wartete**	**gewartet**

Die unregelmäßigen Vollverben

Die unregelmäßigen Vollverben bilden das Imperfekt und das Partizip Perfekt mit eigenen Formen, die man lernen muss, z. B.:

Infinitiv	Imperfekt	Partizip Perfekt
fly	***flew***	***flown***
fliegen	**flog**	**geflogen**

3.1 Die Konjugation der regelmäßigen Vollverben

Das Englische kennt auf jeder Zeitstufe zwei Formen: die einfache Form (1) (Simple Form) und die Verlaufsform (2) (Progressive Form):

(1) *He often surfs the Internet.*	**Er surft oft im Internet.**
(2) *He is surfing the Internet.*	**Er surft gerade im Internet.**

3.2 Der Formenbestand der einfachen Zeiten

3.2.1. Das Präsens (Present Simple)

Bejahte Form		Verneinte Form	Frage
I take	**ich nehme**	*I don't take*	*Do I take?*
you take	**du nimmst**	*you don't take*	*Do you take?*
he/she/it takes	**er/sie/es nimmt**	*he/she/it doesn't take*	*Does he/she/it take?*
we take	**wir nehmen**	*we don't take*	*Do we take?*
you take	**ihr nehmt**	*you don't take*	*Do you take?*
they take	**sie nehmen**	*they don't take*	*Do they take?*

3.2.2 Das Imperfekt (Simple Past)

Das Imperfekt wird bei regelmäßigen Verben durch Anhängen von *-ed* an das Verb gebildet. Bei unregelmäßigen Verben werden besondere Formen für das Imperfekt verwendet. Die Formen des Imperfekts bleiben in allen Personen unverändert.

Bejahte Form		Verneinte Form	Frage
I worked	**ich arbeitete**	*I didn't work*	*Did I work?*
you worked	**du arbeitetest**	*you didn't work*	*Did you work?*
he worked	**er arbeitete**	*he didn't work*	*Did he work?*

3.2.3 Das Perfekt (Present Perfect)

Das Perfekt wird gebildet aus dem Präsens des Hilfsverbs *have* und dem Partizip Perfekt des Vollverbs.

Bejahte Form		Verneinte Form	Frage
I have seen	**ich habe gesehen**	*I haven't seen*	*Have I seen?*
you have seen	**du hast gesehen**	*you haven't seen*	*Have you seen?*
he has seen	**er hat gesehen**	*he hasn't seen*	*Has he seen?*

3.2.4 Das Plusquamperfekt (Past Perfect)

Das Plusquamperfekt wird gebildet mit der Past Tense-Form *had* des Hilfsverbs *have* und dem Partizip Perfekt des Vollverbs.

Bejahte Form		Verneinte Form	Frage
I had done	**ich hatte getan**	*I hadn't done*	*Had I done?*

3.2.5 Das Futur I (*will*-Future)

Das *will*-Future wird in allen Personen mit *will* und dem Infinitiv des Verbs gebildet.

Bejahte Form		Verneinte Form	Frage
I will go	**ich werde gehen**	*I won't go*	*Will I go?*

INFOKASTEN

Im formellen Englisch wird bei *I* und *we* statt *will shall* verwendet.

3.2.6 Das Futur II (Future Perfect)

Das Futur II wird gebildet mit *will* und dem Infinitiv des Perfekts.

Bejahte Form		Verneinte Form	Frage
I will have gone	**ich werde gegangen sein**	*I won't have gone*	*Will I have gone?*

3.2.7 Das Konditional I (Conditional)

Das Konditional I wird gebildet mit *would* und dem Infinitiv des Verbs.

Bejahte Form		Verneinte Form	Frage
I would walk	**ich würde gehen**	*I wouldn't walk*	*Would I walk?*

3.2.8 Das Konditional II (Conditional Perfect)

Das Konditional II wird gebildet mit *would* und dem Infinitiv des Perfekts.

Bejahte Form		Verneinte Form	Frage
I would have walked	**ich wäre gegangen**	*I wouldn't have walked*	*Would I have walked?*

3.3 Der Formenbestand der Verlaufsform (Progressive Form)

Die Verlaufsform drückt den Ablauf oder den Verlauf einer Handlung aus (1):

(1) *We are discussing a new development.*	**Wir besprechen gerade eine neue Entwicklung.**

Die verschiedenen Arten der Verlaufsform werden gebildet mit den jeweiligen Formen von *to be* und dem Partizip Präsens.

Präsens	Imperfekt	Perfekt
I am writing.	*I was writing.*	*I have been writing.*
Ich schreibe gerade.	**Ich schrieb gerade.**	**Ich habe geschrieben.**
Plusquamperfekt	Futur I	Futur II
I had been writing.	*I will be writing.*	*I will have been writing.*
Ich hatte geschrieben.	**Ich werde schreiben.**	**Ich werde geschrieben haben.**
Konditional I	Konditional II	
I would be writing.	*I would have been writing.*	
Ich würde schreiben.	**Ich hätte geschrieben.**	

Verben, die keine Handlung, sondern Eigenschaften und Zustände ausdrücken, können nicht in der Verlaufsform stehen. Dazu gehören folgende Verbgruppen:
Verben, die einen Zustand, eine Eigenschaft oder einen Besitz ausdrücken:

be - **sein**	*seem* - **scheinen**	*contain* - **enthalten**
have - **haben**	*own* - **besitzen**	*belong to* - **jmd. gehören**

Verben, die eine Meinung ausdrücken oder sich auf das Ergebnis einer geistigen Tätigkeit beziehen:

remember - **sich erinnern**	*realise* - **merken**
notice - **wahrnehmen**	*understand* - **verstehen**
know - **wissen**	*think/feel* - **meinen**

Verben, die Gefühle ausdrücken:

like - **mögen**	*love* - **lieben**	*hate* - **hassen**
prefer - **vorziehen**	*fancy* - **in der Laune sein**	

ÜBUNGEN: DAS VERB I

1. SETZEN SIE DIE RICHTIGE FORM VON *BE, DO* ODER *HAVE* EIN!

a. Maggie _________ got a new car.
b. Where _________ you last night?
c. Paul _________ the washing up at the moment.
d. _________ you ever _________ to Hong Kong?
e. I _________ really not keen on this idea.
f. Greg _________ a lot of work, but he still failed the exam.
g. We _________ a party on Saturday – would you like to come?
h. They _________ thirsty so they stopped for a drink.
i. He told me that he _________ an operation the week before.

2. VERNEINEN SIE!

a. did _______________________________
b. was _______________________________
c. must _______________________________
d. had to ____________________________
e. can _______________________________
f. will _______________________________

3. ERGÄNZEN SIE DIE FRAGEN MIT DEM RICHTIGEN HILFSVERB!

a. Where _________ you from?
b. _________ you like going to the cinema?
c. _________ it been raining all day?
d. When _____________ you last see Mandy?
e. How long _________ Julie going to be away?
f. _________ you be able to help me tomorrow?
g. _________ English spoken at the airport?
h. _________ you have a good time at the party last night?
i. How long _________ you known Kim?

4. SCHREIBEN SIE DEN SATZ NOCH EINMAL UND VERWENDEN SIE EIN MODALES HILFSVERB!

a. You are not allowed to park here.
You _________ park here.
b. Frank is not able to swim.
Frank _________________
c. It is a good idea that you go to the doctor's.
You __________________________
d. It is possible that I will be late tomorrow.
I __________________________
e. Please allow me to borrow your pen.
_______ I ___________________?
f. It is not necessary for you to wait for me.
You __________________________
g. There is a small possibility that David will come to the party.
David __________________________

5. FINDEN SIE DIE FEHLER UND KORRIGIEREN SIE SIE!

a. Do you must work late this week?
b. What did you at the weekend?
c. It is a lot of people in this room.
d. You needn't to finish the report now. Monday is early enough.
e. Phil work for a big internet company.
f. Did you went skiing last winter?
g. In June we will be married for three years.
h. Have Lucy told you the news?

6. ÜBERSETZEN SIE!

a. Morgen muss ich nicht früh aufstehen. ______________________________
b. Ich soll meine Schwester um zwölf vor dem Rathaus treffen.

____

c. Sollen wir heute Abend ins Kino gehen?

____

d. Die Kinder dürfen nicht auf der großen Straße spielen.

____

7. WELCHE SATZHÄLFTEN GEHÖREN ZUSAMMEN?

a. Would you
b. He shouldn't
c. Becky has
d. I used to
e. Jeff must
f. I will
g. There can't
h. We needn't
i. You ought to
j. I might

1. have forgotten that it's my birthday today.
2. go to Rome at Easter.
3. be careful what you say to him.
4. have come – it was a waste of time.
5. have drunk so much and then driven home.
6. had her hair cut.
7. live in London as a child.
8. have finished my exams by 5 p.m. tomorrow.
9. please take a seat.
10. have been that much traffic at 3 a.m.

8. WAS HABEN DIE PERSONEN MACHEN LASSEN BZW. LASSEN SIE MACHEN?

a. Cindy's house is now a completely different colour.
She has _________ her house _______ (paint)
b. Tara ordered her wedding dress from a dress maker.
She _________ her wedding dress _________ (make)
c. Arthur's car broke down, so he took it to the garage.
He ________________________ (repair)
d. A decorating firm is working on our living room at the moment.
We are ________________ (decorate)
e. I took my suit to the dry cleaner's last month.
I __________________________ (clean)

Die Zeiten

Im Wesentlichen entspricht der Gebrauch der Zeiten im Englischen dem im Deutschen. Besondere Aufmerksamkeit verlangen jedoch das Imperfekt und das Perfekt, die zum Teil ganz anders verwendet werden als im Deutschen.
Im Englischen gibt es auf jeder Zeitstufe zwei Formen: die Simple Form und die Progressive Form. Die Progressive Form stellt also keine andere Zeit dar.

1. Das Präsens (Present Tense)

1.1 Das einfache Präsens (Simple Present)

Die einfache Gegenwart wird gebraucht, um gewohnheitsmäßige Handlungen (1) auszudrücken. In diesem Zusammenhang stehen oft Adverbien wie *always* (immer), *never* (nie), *seldom* (selten) etc.

Das Simple Present drückt außerdem unabänderliche Zustände und Tatsachen aus (2):

(1) *She often goes Inline-Skating.*	**Sie fährt oft mit Inline-Skates.**
(2) *Oil is lighter than water.*	**Öl ist leichter als Wasser.**

1.2 Die Verlaufsform des Präsens (Present Progressive)

Die Verlaufsform der Gegenwart wird verwendet bei Handlungen, die zum Zeitpunkt des Sprechens noch nicht abgeschlossen sind (1), bei Handlungen, die noch nicht abgeschlossen, zum Zeitpunkt des Sprechens jedoch unterbrochen sind (2), und bei Handlungen, die in einem Gegensatz zu einer gewohnheitsmäßigen Handlung stehen (3):

(1) *Don't disturb the boss. He's making a phone call.*	**Stör den Chef nicht. Er telefoniert gerade.**
(2) *What are you working on at the moment? – I'm writing a report on ...*	**Woran arbeitest du gerade? Ich schreibe gerade einen Bericht über ...**
(3) *He usually goes to work by bus, but today he's taking a taxi.*	**Er fährt gewöhnlich mit dem Bus zur Arbeit, aber heute fährt er mit dem Taxi.**

2. Das Imperfekt (Past Tense)

2.1 Das einfache Imperfekt (Simple Past)

Das Imperfekt (Simple Past) wird verwendet, um über Handlungen zu berichten, die in der Vergangenheit abgeschlossen wurden und keinen unmittelbaren Bezug mehr zur Gegenwart haben (1):

(1) *Last year we travelled to France.*	**Letztes Jahr fuhren wir nach Frankreich.**

Das Imperfekt wird im Deutschen sehr oft mit dem Perfekt wiedergegeben; im Englischen muss das Imperfekt und nicht das Perfekt stehen, sobald ein bestimmter Zeitpunkt der Handlung gegeben ist.

INFOKASTEN

Es gibt so genannte Signalwörter, die anzeigen, wann das Imperfekt verwendet wird. Dazu gehören Jahreszahlen und das Fragewort *when*. Weitere Signalwörter sind:
yesterday - **gestern**, *a week ago* - **vor einer Woche**,
last year - **letztes Jahr** etc.

2.2 Die Verlaufsform des Imperfekts (Past Progressive)

Die Verlaufsform des Imperfekts wird verwendet, um anzuzeigen, dass sich zu einer bestimmten Zeit in der Vergangenheit eine Handlung gerade im Verlauf befand (1). Oft wird mit dem Past Progressive eine gerade stattfindende Hintergrundhandlung ausgedrückt, die von einem neu eintretenden Ereignis unterbrochen wird (2):

(1) *What were you doing at this time last week?*	**Was hast du letzte Woche um diese Zeit gemacht?**
(2) *The band were tuning their instruments when/as he entered.*	**Die Band stimmte gerade die Instrumente, als er hereinkam.**
(2) *I was watching TV when the telephone rang.*	**Ich habe gerade ferngesehen, als das Telefon klingelte.**

3. Das Perfekt (Present Perfect)

Im Deutschen ist es nur ein stilistischer Unterschied, ob man sagt: „Ich traf sie gestern" oder „Ich habe sie gestern getroffen". Im Englischen gibt es für beide Sätze nur die Übersetzung mit dem Imperfekt: *I met her yesterday.*
Das Imperfekt und das Perfekt haben im Englischen zwei völlig verschiedene Funktionen: Das Imperfekt bezieht sich ausschließlich auf Ereignisse, die in der Vergangenheit stattfanden und dort auch abgeschlossen wurden. Das Perfekt jedoch drückt aus, dass Ereignisse der Vergangenheit mit der Gegenwart verbunden sind.

3.1 Das einfache Perfekt (Present Perfect Simple)

Das einfache Perfekt wird für Handlungen gebraucht, die in der Vergangenheit begonnen haben und noch in die Gegenwart hineinreichen (1) oder von einem bestimmten Zeitpunkt in der Vergangenheit an noch nicht geschehen sind (2):

(1) ***How long have you known your boyfriend?***	**Wie lange kennst du deinen Freund schon?**
(2) ***I haven't seen Sandra since 2006.***	**Ich habe Sandra seit 2006 nicht mehr gesehen.**

INFOKASTEN

Im Deutschen steht für das einfache Perfekt oft die Gegenwart mit „schon" (vgl. Beispiel 1 oben). Im Englischen muss auf jeden Fall immer das Present Perfect stehen.

Es gibt Adverbien, die sehr häufig anzeigen, wann das einfache Perfekt verwendet wird, sofern eine Verbindung zur Gegenwart gegeben ist:

yet	schon	*ever*	**jemals**	*so far*	**bis jetzt**
never	**niemals**	*just*	**gerade**	*recently*	**neulich**
lately	**kürzlich**	*not yet*	**noch nicht**	*How long?*	**Wie lange?**
for (five years)	**seit (fünf Jahren)**			*since (1977)*	**seit (1977)** etc.

„Seit" wird im Englischen entweder mit *since* oder *for* wiedergegeben. Ihre Bedeutung ist jedoch nicht gleich: *Since* bezeichnet einen Zeitpunkt (3) und *for* einen Zeitraum (4):

(3) *since 1996*	*since 3 o'clock*	*since Monday*
(4) *for two years*	*for two hours*	*for one week*

Das einfache Perfekt wird verwendet, wenn eine Handlung zwar in der Vergangenheit abgeschlossen wurde, jedoch kein bestimmter Zeitpunkt angegeben ist, und wenn das Ergebnis dieser Handlung in der Gegenwart vorliegt (5):

(5) *I've washed my car.* **Ich habe mein Auto gewaschen.**
Ergebnis: Das Auto ist sauber.

3.2 Die Verlaufsform des Perfekts (Present Perfect Progressive)

Die Verlaufsform des Perfekts bezeichnet wie das einfache Perfekt eine Handlung, die in der Vergangenheit begann und bis in die Gegenwart hineinreicht (1). Es betont die Dauer dieser Handlung, die vom Sprecher oft als unangenehm empfunden wird (2):

(1) *We have lived here/ have been living here since 2002.*	**Wir wohnen hier seit 2002.**
(2) *I've been trying to contact her all day.*	**Jetzt versuche ich schon den ganzen Tag, sie zu erreichen.**

INFOKASTEN

Während das einfache Perfekt in der Regel ausdrückt, dass eine Handlung abgeschlossen ist (3), sagt die Verlaufsform des Perfekts aus, dass die Handlung vermutlich noch in der Gegenwart andauern wird (4):

(3) *I've painted the kitchen.*	**Ich habe die Küche gestrichen.**
(4) *I've been painting the kitchen all morning.*	**Ich streiche die Küche schon den ganzen Vormittag.**

4. Das Plusquamperfekt (Past Perfect Tense)

4.1 Das einfache Plusquamperfekt (Past Perfect Simple)

Das Past Perfect Simple im Englischen entspricht dem deutschen Plusquamperfekt. Das Plusquamperfekt wird verwendet bei zwei oder mehreren in der Vergangenheit abgeschlossenen Handlungen. Die zeitlich am weitesten zurückliegende Handlung steht im Plusquamperfekt (1):

(1) *After he had downloaded the program, John installed it.*	**Nachdem er das Programm heruntergeladen hatte, installierte John es.**

2.2 Die Verlaufsform des Plusquamperfekts (Past Perfect Progressive)

Wie das einfache Plusquamperfekt steht auch die Verlaufsform des Plusquamperfekts für die zeitlich weiter zurückliegende Handlung. Die Verlaufsform des Plusquamperfekts hebt jedoch den Verlauf der Handlung hervor (1), während das einfache Plusquamperfekt die Abfolge der Handlungen betont (2):

(1) *When the manager arrived, the others had already been discussing the problem for half an hour.*	**Als der Geschäftsführer kam, hatten die anderen das Problem schon eine halbe Stunde lang besprochen.**
(2) *When the manager came, the others had already solved the problem.*	**Als der Geschäftsführer kam, hatten die anderen das Problem bereits gelöst.**

5. Das Futur (Future)

5.1 Das Futur I (*will*-Future)

Das *will*-Future wird verwendet, um ein zukünftiges Geschehen, das der Sprecher nicht beeinflussen kann (1), eine Vermutung (2) oder einen spontanen Entschluss (3) auszudrücken:

(1) *The Labour Party will win the next election.*	**Die Labour-Partei wird die nächste Wahl gewinnen.**
(2) *What will flats look like in 50 years?*	**Wie werden Wohnungen wohl in 50 Jahren aussehen?**
(3) Situation: Das Telefon klingelt. *I'll answer it.*	**Ich gehe ran.**

5.2 Die Verlaufsform des Futurs (Future Progressive)

Im Englischen drückt die Verlaufsform des Futurs aus, dass zu einem bestimmten Zeitpunkt in der Zukunft eine Handlung gerade im Verlauf begriffen sein wird (1):

(1) *This time tomorrow I'll be sitting in a café in Paris.*	**Morgen um diese Zeit sitze ich in einem Café in Paris.**

5.3 Das Futur II (Future Perfect)

Das Futur II wird verwendet, um auszudrücken, dass zu einem Zeitpunkt in der Zukunft eine Handlung abgeschlossen sein wird (1):

(1) **I'll have finished by 5 o'clock.**	**Um 5 Uhr werde ich fertig sein.**

5.4 Andere Möglichkeiten, ein zukünftiges Geschehen auszudrücken

Das *will*-Future ist die neutralste Möglichkeit, die Zukunft auszudrücken; je nach Situation und Absicht des Sprechers gibt es noch verschiedene Möglichkeiten, zukünftige Handlungen auszudrücken:

5.4.1 Das *going-to*-Future

Die Formen des *going-to*-Future werden gebildet, indem an die Form *to be going* der Infinitiv mit *to* angeschlossen wird (1).

Im Gegensatz zum *will*-Future drückt das *going-to*-Future einen überlegten Entschluss aus, in der Zukunft etwas zu tun. Es kann im Deutschen deshalb auch häufig mit „vorhaben" übersetzt werden:

(1) *They are going to spend their next holidays in Scotland.*	**Sie haben vor, ihre nächsten Ferien in Schottland zu verbringen.**

5.4.2 Die Verlaufsform der Gegenwart (Present Progressive)

Die Verlaufsform der Gegenwart wird für Handlungen in der Zukunft verwendet, die fest beschlossen und vereinbart wurden (2) und für die auch häufig schon alle notwendigen Vorkehrungen getroffen wurden:

(2) *We are flying to Spain tomorrow.*	**Wir fliegen morgen nach Spanien.**

5.4.3 Die einfache Gegenwart (Present Simple)

Bei zukünftigen Handlungen, die aufgrund eines Zeit- oder Fahrplans geschehen, steht die einfache Gegenwart (Simple Present) (3):

(3) *The next train for London leaves at 7.30.*	**Der nächste Zug nach London fährt um 7.30 Uhr.**

ÜBUNGEN: DAS VERB II

1. SETZEN SIE DAS VERB IN DER RICHTIGEN FORM EIN (SIMPLE PRESENT ODER PRESENT PROGRESSIVE)!

a. The sun ________ (rise) in the east.

b. I ________ (read) a really interesting book at the moment.

c. We often ________ (have) a barbecue in summer.

d. Patrick ________ (not like) coffee.

e. I've had a postcard from Jane. She ________ (enjoy) her holiday.

f. Tom ______ (cycle) to work this week because his car is in the garage.

g. Why ________ you ________ (stare) out of the window?

h. I ________ (stay) at the Palais Hotel whenever I'm in Paris.

i. They ________ (take) their dog for a walk every evening.

2. SCHREIBEN SIE KORREKTE SÄTZE MIT DEM SIMPLE PAST!

a. cinema/they/yesterday evening/go

____

b. house/1999/buy/Vera

____

c. drive/200 kilometres/January/he

____

d. me/give/she/beautiful flowers

____

e. they/work/early/leave

____

f. corner/room/stand/Jack

____

g. very/I/tired/feel/this morning

____

h. I/Gary/speak/problem/about

____

i. grow up/Maisie/Singapore/in

____

3. WÄHLEN SIE DIE RICHTIGE VARIANTE!

a. I **had/was having** a bath when the doorbell **rang/was ringing**.

b. When the accident **happened/was happening** we **crossed/were crossing** the road.

c. Many **people shopped/were shopping** when the bomb **exploded/was exploding**.

d. I **ate/was eating** a sandwich when my boss **arrived/was arriving**.

e. When the teacher **came/was coming** in, the pupils **made/were making** a lot of noise.

4. SCHREIBEN SIE EINEN SATZ IM PRESENT PERFECT, DER DAS ANGEGEBENE ERGEBNIS ERKLÄRT!

BEISPIEL: My car is clean. (wash)
→ *I have washed my car.*

a. I can't find my key. (lose)

____

b. I don't know where Anne is. (see)

____

c. His computer is new. (buy)

____

d. There is no more coffee. (we/drink)

____

e. Ben is here now. (just/arrive)

____

f. It is our 2nd wedding anniversary. (married) __________________________

g. The report is finished. (I/write)

____

h. Dan and Sam are in China. (go)

____

i. I don't remember how to use this computer programme. (forget)

____

5. ERGÄNZEN SIE MIT EINEM DER FOLGENDEN AUSDRÜCKE!

(a minute ago, last year, never, recently, three times, yesterday, yet)

a. I have been to Australia ________

b. Alex had a serious operation ______, but he's fine now.

c. "Where's Karen?" "I don't know. She was here________"

d. There have ________ been any problems with the bills before.

e. Haven't you finished making the coffee ________?

f. You were late ________, so please be on time tomorrow!

g. I've been having a lot of headaches ________ I need new glasses.

6. WELCHE SATZHÄLFTEN GEHÖREN ZUSAMMEN?

a. By the time I arrived

b. I'd already had breakfast

c. The place was a mess

d. We did the washing up

e. After I'd been to the market

f. Sonya was out of breath

g. I'd forgotten to lock the door

h. It had been raining all night

1. because she'd been running.
2. I took the shopping home.
3. so the ground was wet.
4. Sophie had left.
5. and someone broke in.
6. when Charles got up.
7. after we had eaten.
8. because they'd been decorating all day.

7. WELCHER SATZ IST RICHTIG?

a. 1. I will fly to Rome next week.
2. I'm flying to Rome next week.

b. 1. "We've run out of stamps." "I'll go and buy some more."
2. "We've run out of stamps." "I go and buy some more."

c. 1. She'll have lived here for three years by the end of June.
2. She has lived here for three years by the end of June.

d. 1. I think Ms Jones will have won the next election.
2. I think Ms Jones will win the next election.

e. 1. What time does his flight arrive next Friday?
2. What time will his flight be arriving next Friday?

1. Der Konjunktiv I (Subjunctive)

Im praktischen Sprachgebrauch spielt der Konjunktiv (Möglichkeitsform) keine wesentliche Rolle, da er durch den Indikativ (Wirklichkeitsform) ersetzt wird oder modale Hilfsverben seine Stelle eingenommen haben.
Der Konjunktiv I entspricht in allen Personen dem Infinitiv des Verbs. Beim Verb *be* – sein hat er in allen Personen die Form *be*.

INFOKASTEN

Der Konjunktiv wird in Ausrufen gebraucht (1):

(1) *Bless you!*	**Gesundheit!**
(1) *God save the queen!*	**Gott schütze die Königin!**
(1) *Thank God!*	**Gott sei Dank!**

2. Der Konjunktiv II (Past Subjunctive)

Der Konjunktiv II entspricht den Formen des Simple Past. Die Formen für das Verb *be* lauten in allen Personen *were*.

Der Konjunktiv II steht nach *wish* zum Ausdruck eines Wunsches (1):

(1) *I wish my English were better.*	**Ich wünschte, mein Englisch wäre besser.**

Der Konjunktiv II steht zum Ausdruck der Unwahrscheinlichkeit nach *if* und *if only* (2):

(2) *If we won the lottery ...*	**Wenn wir im Lotto gewinnen würden ...**

3. Der Imperativ

Der Imperativ (die Befehlsform) im Englischen entspricht in Einzahl und Mehrzahl dem Infinitiv des Verbs (1):

(1) *Be quiet!*	**Sei/Seid still!**
(1) *Shut the door!*	**Mach/Macht die Tür zu!**

Die verneinte Befehlsform wird in Einzahl und Mehrzahl mit *don't* und dem Infinitiv des Verbs gebildet (2):

(2) ***Don't be so rude!***	**Sei(d) nicht so unhöflich!**

4. Das Aktiv und das Passiv

Im Aktiv (Tatform) führt das Subjekt eines Satzes die Handlung aus (1). Das Passiv (Leideform) drückt aus, dass das Subjekt eines Satzes nicht selbst handelt, sondern dass an ihm etwas vollzogen wird (2):

Subjekt	Verb		
(1) ***The police***	***arrested***	***a pickpocket.***	**Die Polizei verhaftete einen Taschendieb.**
(2) ***A pickpocket***	***was arrested***	***by the police.***	**Ein Taschendieb wurde von der Polizei verhaftet.**

Das Passiv wird verwendet, wenn der Ausführende der Handlung nicht bekannt ist (3) oder nicht für erwähnenswert gehalten wird (4):

(3) ***A shop window was broken in Bridge Street last night.***	**Gestern Nacht wurde ein Schaufenster in der Bridge Street eingeschlagen.**
(4) ***You will be told where to go.***	**Sie werden informiert, wo Sie hin müssen.**

4.1 Die Bildung des Passivs

Das Passiv wird gebildet mit *to be* und dem Partizip Perfekt.

4.2 Die Verlaufsform des Passivs

Es gibt im Passiv auch die Verlaufsform, die jedoch nur in der Gegenwart (1) und im Imperfekt (2) gebräuchlich ist.
Die Verlaufsform des Passivs wird gebildet mit einer Form von *to be*, gefolgt von *being* und dem Partizip Perfekt (1) + (2):

(1) Present Progressive:	
Lunch is being served.	**Das Mittagessen wird gerade serviert.**

(1) *My car is being repaired.*	**Mein Auto wird gerade repariert.**
(2) Past Progressive:	
The room was being cleaned when the fire broke out.	**Das Zimmer wurde gerade geputzt, als das Feuer ausbrach.**
(2) *He was being congratulated as the conference started.*	**Ihm wurde gerade gratuliert, als die Konferenz anfing.**

Zeiten	*to be*	Partizip Perfekt		Die Bildung des Passivs
Simple Present				
This newspaper is		*printed*	*in London*	**... wird gedruckt.**
Simple Past				
A window	*was*	*broken*	*last night.*	**... wurde eingeschlagen.**
Present Perfect				
Robert	*has been*	*bitten*	*by a dog.*	**... ist gebissen worden.**
Past Perfect				
The car	*had been*	*stolen.*		**... war gestohlen worden.**
Will-Future				
The new shop	*will be*	*opened.*		**... wird eröffnet werden.**

Bei den modalen Hilfsverben folgt im Passiv der Infinitiv des Passivs, also *be* und das Partizip Perfekt (3):

(3) *This window mustn't be opened.*	**Dieses Fenster darf nicht geöffnet werden.**
(3) *The report should be written before today is over.*	**Der Bericht soll heute noch geschrieben werden.**

Bei Verben, die das Objekt mit einer Präposition anschließen, bleibt die Präposition auch im Passiv beim Verb (4):

(4) *They laughed at Jim.*	**Sie lachten Jim aus.**
Jim was laughed at.	**Jim wurde ausgelacht.**
(4) *He wrote about the event.*	**Er schrieb über das Ereignis.**
The event was written about.	**Es wurde über das Ereignis geschrieben.**

Der Urheber einer Handlung wird im Passiv mit *by* angeschlossen (5). Dies kann immer dann unterlassen werden, wenn dadurch keine wesentliche Information verloren geht (6):

(5) *He was arrested by the police.*	**Er wurde von der Polizei verhaftet.**
(5) *One of the injured persons was given first aid by an ambulance man.*	**Eine der verletzten Personen erhielt Erste Hilfe von einem Sanitäter.**
(6) *My wallet has been stolen (by somebody).*	**Meine Brieftasche ist (von jemandem) gestohlen worden.**

4.3 Das persönliche Passiv

Im Gegensatz zum Deutschen kann im Englischen auch das Objekt im 3. Fall zum Subjekt des Passivsatzes gemacht werden (1) + (2). Weil das Objekt im 3. Fall in der Regel eine Person ist, nennt man diese Passivform das persönliche Passiv.

(1) *They gave me a book.*	**Sie gaben mir ein Buch.**
I was given a book.	**Mir wurde ein Buch gegeben.**
(2) *They helped him.*	**Sie halfen ihm.**
He was helped.	**Ihm wurde geholfen.**

Sätze im Passiv werden in der deutschen Sprache sehr häufig mit „man" wiedergegeben (3):

(3) *He was given some advice.*	**Man gab ihm einen Ratschlag.**
(3) *It is believed that the story is true.*	**Man glaubt, dass die Geschichte wahr ist.**
(3) *That is not done here.*	**Das tut man hier nicht.**

Sätze im Passiv werden im Deutschen manchmal mit der Reflexivform des Verbs wiedergegeben (4):

(4) *That is quickly (to be) learned.*	**Das lernt sich schnell.**
(4) *That is understood.*	**Das versteht sich von selbst.**
(4) *That can be arranged.*	**Das lässt sich arrangieren.**

ÜBUNGEN: DAS VERB III

1. BILDEN SIE SÄTZE MIT *WISH*!

a. I don't have much time for my hobbies.
I wish ________ more time for my hobbies.

b. I am not on holiday now.
I wish ________.

c. Michael can't play the piano.
He ________.

d. It is much too hot today.
I ________.

e. I have to get up very early tomorrow.
I ________.

f. We don't have enough money to buy that house.
We ________.

g. They make a lot of noise.
I ________.

2. WELCHE SATZHÄLFTEN GEHÖREN ZUSAMMEN?

a. If I were a millionaire
b. We'd travel around the world
c. If I had my way
d. If I ruled the world
e. The boss would be furious
f. If only it would snow
g. If I could live anywhere in the world
h. If I ever met the Queen
i. I'd be thrilled
j. If I could travel through time

1. if I won a Nobel Prize.
2. we could go skiing.
3. if he knew what was going on.
4. I'd go back to the Middle Ages.
5. if only we had the money.
6. I'd do more to help the poor.
7. I'd buy a yacht.
8. I'd move to Hawaii.
9. smoking in restaurants would be banned.
10. I wouldn't know what to say.

3. ERGÄNZEN SIE DIE SÄTZE MIT EINEM (VERNEINTEN) IMPERATIV!

(add, give, melt, pass, reheat, speak, store, turn, wash, wear)

a. ________ the TV down! It's much too loud!

b. ________ this medicine to children under the age of five.

c. To make the soup, just ________ water or milk.

d. ________ this jacket in the washing machine.

e. ______ flour always in an airtight container.

f. ________ meat after it has been cooked once.

g. ________ the butter and mix it into the sauce.

h. Always ________ gloves when handling these very poisonous chemicals.

i. ________ to the driver while the bus is moving.

j. Please ________ me the pepper.

4. BILDEN SIE PASSIVSÄTZE!

a. They speak English in all the main tourist centres.

____

b. Someone saw the robber running away. ________________________________

c. They are going to publish the book next year.

____

d. The people have elected a new president.

____

e. You must send this letter immediately. ________________________________

f. The minister will announce the changes next week.

____

g. They are building a new stadium for the World Cup.

____

5. WÄHLEN SIE DIE RICHTIGE ALTERNATIVE!

a. The new Bond film **is filmed/is being filmed** in London this week.

b. When **are/were** you born?

c. Can I help you or are you **served/ being served**?

d. I want to phone Sid but his line **has been/is being** engaged all morning.

e. I'm sorry but I **am not told/was not told** about the change of plan.

f. The sofa **was delivered/was being delivered** as I arrived.

g. Everyone **must inform/must be informed** about the new security measures.

6. BILDEN SIE PASSIVSÄTZE UND VERWENDEN SIE DABEI MODALVERBEN!

a. This water is clean.
It .... (can/drink)

b. Here is your bill. It .... (must/pay) by the end of the month.

c. The factory is dangerous. Hard hats ... (must/wear) at all times.

d. Why is this taking so long? You .... (should/finish) by now!

e. I'm afraid the meeting ... (have to/postpone) until next week.

f. All new equipment ... (should/ check) before use.

g. Don't walk alone late at night. You ... (might/attack).

h. The computer is completely broken. It ... (can/use) any more.

7. BRINGEN SIE DIE WÖRTER IN DIE RICHTIGE REIHENFOLGE!

a. beautiful – for – I – a – given – Christmas – was – vase

b. the – not – they – facts – all – told – were

c. certificate – show – was – her – asked – birth – to – she

d. before – shown – the – you – film – will – a – discussion – be

e. in – was – job – a – Japan – he – offered

f. interesting – we – the – promised – of – were – city – an – tour

g. mail – week – sent – lot – I – a – every – of – am – junk

Gebeugte Formen kommen in allen Zeiten und Aussageweisen vor und drücken die Zeit, die Person und den Numerus (die Anzahl) aus. Die ungebeugten Formen hingegen sagen nichts über Person, Numerus und Zeit aus. Zu ihnen gehören der Infinitiv (1), das Partizip (2) und das Gerund (3):

(1) *To be honest, I don't really like her.*	**Um ehrlich zu sein, mag ich sie nicht wirklich.**
(2) *Having lost his passport he went to the police.*	**Nachdem er seinen Pass verloren hatte, ging er zur Polizei.**
(3) *She likes swimming.*	**Sie schwimmt gerne.**

Diese Beispiele zeigen deutlich, dass die ungebeugten Verbformen unterschiedliche Funktionen im Satz übernehmen können. In Beispielsatz (1) ist der Ausdruck mit dem Infinitiv *to be* das Subjekt, in Beispielsatz (3) ist das Gerund *swimming* dagegen das Objekt.

1. Der Infinitiv

Der Infinitiv (Nennform) wird im Deutschen durch Anhängen von *-en* an den Wortstamm gebildet (wie z. B.: geh-en). Im Englischen kann der Infinitiv mit *to* gekennzeichnet werden, wenn er allein steht (1):

(1) *(to) go*	**gehen**

1.1 Die Formen des Infinitivs

Wie die folgende Übersicht deutlich zeigt, gibt es vier verschiedene Formen des Infinitivs:

	Aktiv	Passiv
Infinitiv Präsens	*to take* **nehmen**	*to be taken* **genommen werden**
Infinitiv Perfekt	*to have taken* **genommen haben**	*to have been taken* **genommen worden sein**

INFOKASTEN

Zusätzlich gibt es noch den Infinitiv der Verlaufsform, der mit *to be* und dem Partizip Präsens gebildet wird (2):

(2) *You should all be paying attention now.*	**Ihr solltet jetzt aufpassen.**

Im Englischen wird der Infinitiv innerhalb des Satzes in zwei Formen verwendet: mit *to* (3) und ohne *to* (4):

(3) *I didn't want to hurt you.*	**Ich wollte Sie nicht verletzen.**
(4) *You needn't do that.*	**Das brauchst du nicht zu machen.**

1.2 Der Gebrauch des Infinitivs mit *to*

1.2.1 Der Infinitiv mit *to* nach Adjektiven

Wie im Deutschen kann der Infinitiv nach den meisten Adjektiven und ihren Steigerungsformen stehen (1):

(1) *It's cheaper to send a text message than to speak to him.*	**Es ist billiger eine SMS zu schicken, als mit ihm zu sprechen.**

1.2.2 Der Infinitiv mit *to* anstelle eines Relativsatzes

In der Funktion eines Relativsatzes kann der Infinitiv mit *to* nach Ordnungszahlen (1) und *the only* + Substantiv (der/die/das einzige ...) (2) stehen:

(1) *Sophie was the first to arrive.*	**Die erste, die ankam, war Sophie.**
(2) *Tim was the only candidate to answer the question correctly.*	**Tim war der einzige Kandidat, der die Frage richtig beantwortete.**

Der Infinitiv mit *to* kann statt eines Relativsatzes nach Substantiven (3) und den Zusammensetzungen von *some* und *any* (4) stehen. Er muss dann sinngemäß übersetzt werden:

(3) *Mr Dexter is the man to ask.*	**Mr. Dexter ist der Mann, den man fragen soll/kann.**

(4) *I couldn't find anybody to help me.*	**Ich konnte niemanden finden, der mir half.**

1.2.3 Der Infinitiv mit *to* in der Konstruktion Verb + Objekt + Infinitiv

Im Englischen steht der Infinitiv mit *to* häufig in der Konstruktion Verb + Objekt + Infinitiv. Diese Konstruktion kann im Deutschen oft nicht direkt übersetzt werden (1):

(1) *I expect you to be on time.*	**Ich erwarte, dass Sie rechtzeitig ankommen.**

INFOKASTEN

Besonders die Konstruktion *want/would like* + Objekt + Infinitiv mit *to* bereitet oft Probleme, da sie im Deutschen mit einem dass-Satz wiedergegeben wird, was im Englischen nicht möglich ist (2):

(2) *I want you to attend the meeting.*	**Ich will, dass du bei der Konferenz dabei bist.**

Weitere Verben, die mit der Konstruktion Verb + Objekt + Infinitiv gebraucht werden, sind:

expect	**erwarten**	*tell*	**sagen**
allow	**erlauben**	*ask*	**bitten**
advise	**raten**	*teach*	**beibringen**
cause	**veranlassen**	*warn*	**warnen**
order	**befehlen**		

Sehr häufig verwendet wird auch die Konstruktion *for* + Infinitiv mit *to*, die im jeweiligen Fall sinngemäß wiedergegeben werden muss (3):

(3) *It is time for you to go now.*	**Es ist jetzt Zeit, dass du gehst.**

1.2.4 Andere Konstruktionen des Infinitivs mit *to*

Der Infinitiv mit *to* steht nach Fragewörtern wie *where* (wo), *when* (wann), *who* (wer), *why* (warum) (1):

(1) *Frank didn't know where to go.*	**Frank wusste nicht, wohin er gehen sollte.**

INFOKASTEN

Nach den Verben des Denkens, Sagens und Vermutens steht im formellen Englisch oft die Konstruktion Objekt + Infinitiv mit *to* (2):

(2) *Do you consider this to be a good idea?*	**Halten Sie das für eine gute Idee?**

Der Infinitiv mit *to* kann als Verkürzung von *in order to* (um zu) einen Zweck ausdrücken (3). In der Verneinung muss jedoch in jedem Fall *in order to* gebraucht werden (4):

(3) *He went to London for one year (in order) to learn English.*	**Er ging für ein Jahr nach London, um Englisch zu lernen.**
(4) *She closed the door quietly in order not to wake him up.*	**Sie schloss die Tür leise, um ihn nicht zu wecken.**

Um die Wiederholung eines Infinitivs zu vermeiden, wird das Verb nach *to* oft weggelassen (5):

(5) *Would you like to come to my party tomorrow? I would like to (come), but I don't have time.*	**Möchtest du morgen auf meine Party kommen? Ich würde schon gerne, aber ich habe keine Zeit.**

2. Das Partizip

Die beiden wichtigsten Formen des Partizips (Mittelwort) sind das Partizip Präsens (Mittelwort der Gegenwart) und das Partizip Perfekt (Mittelwort der Vergangenheit).

2.1 Die Bildung des Partizips

2.1.1 Die Bildung des Partizip Präsens

Das Partizip Präsens der regelmäßigen und unregelmäßigen Verben wird gebildet durch Anhängen der Endung *-ing* an den Infinitiv (1):

(1) *read - reading*	**lesen - lesend**

2.1.2 Die Bildung des Partizip Perfekt

Das Partizip Perfekt der regelmäßigen Verben wird gebildet durch Anhängen von *-ed* an den Infinitiv des Verbs (2):

(2) *walk - walked*	**gehen - gegangen**
(2) *talk - talked*	**sprechen - gesprochen**

INFOKASTEN

Das Partizip Präsens hat aktivische Bedeutung (3) und das Partizip Perfekt passivische Bedeutung (4):

(3) *Do you know the girl talking to Jack?*	**Kennst du das Mädchen, das mit Jack redet?**
(4) *Discouraged by his results the scientist gave up his research.*	**Von den Ergebnissen entmutigt, gab der Wissenschaftler seine Forschung auf.**

	Aktiv	Passiv
Gleichzeitigkeit	*taking* **nehmend**	*taken* **genommen**
Vorzeitigkeit	*having taken* **genommen habend**	*having been taken* **genommen worden seiend**

INFOKASTEN

Die Form *taking* und *being taken* wird benutzt, um eine Ursache oder einen Beweggrund zu erklären (5):

(5) *Being built of stone, the bridge is very sturdy.*	**Weil sie aus Stein gebaut wurde, ist die Brücke sehr stabil.**

Die Vielfalt der Formen scheint auf den ersten Blick ein wenig verwirrend, in der Sprachpraxis jedoch sind das Partizip Präsens und das Partizip Perfekt die wichtigsten Formen.

2.2 Der Gebrauch des Partizips

2.2.1 Der Gebrauch des Partizip Präsens

Das Partizip Präsens wird zur Bildung der Verlaufsform verwendet (1):

(1) *She is reading a book at the moment.*	**Sie liest gerade ein Buch.**

Das Partizip Präsens kann in der Funktion eines Adjektivs vor einem Substantiv stehen, wenn es eine dauerhafte Eigenschaft ausdrückt (2):

(2) *What a touching story!*	**Was für eine rührende Geschichte!**
(2) *We waited for an hour in the pouring rain.*	**Wir warteten eine Stunde im strömenden Regen.**

Anders als im Deutschen ist es nicht möglich, lange Wortfügungen mit Partizipien vor das Substantiv zu stellen. Der Ausdruck „der an der Ecke stehende Polizist" lautet im Englischen: *The policeman standing at the corner.*
Dies gilt auch für das Partizip Perfekt.

Das Partizip Präsens kann einen Relativsatz ersetzen (3):

(3) *Can you see the boy (that is) wearing the red pullover?*	**Kannst du den Jungen sehen, der den roten Pullover trägt?**

Das Partizip Präsens gibt in dieser Funktion nicht unbedingt das Präsens wieder; es gibt sinngemäß die Zeit wieder, die durch den Hauptsatz vorgegeben ist (4):

(4) *The other day I found a wallet (that was) lying on the floor.*	**Neulich fand ich eine Brieftasche, die auf dem Boden lag.**

2.2.2 Das Partizip Präsens bei den Verben der Sinneswahrnehmung

Nach den Verben der Sinneswahrnehmung folgt die Konstruktion Objekt + Partizip Präsens, wenn nur ein Teil der Handlung wahrgenommen wird (5):

(5) *I can smell something burning.*	**Ich rieche, dass da etwas brennt.**

Wenn die Handlung ganz wahrgenommen wird (6), oder wenn mehrere Handlungen aufeinanderfolgen (7), steht nach den Verben der Sinneswahrnehmung der Infinitiv ohne *to*:

(6) *I watched him swim across the river.*	**Ich sah, wie er über den Fluss schwamm.**
(7) *I saw him throw down the gun and jump out of the window.*	**Ich sah, wie er die Pistole wegwarf und aus dem Fenster sprang.**

Zu den Verben der Sinneswahrnehmung gehören u. a.:

see	**sehen**	*hear*	**hören**
watch	**beobachten**	*feel*	**fühlen**
notice	**bemerken**	*smell*	**riechen**

2.3.2 Der Gebrauch des Partizip Perfekt

Das Partizip Perfekt wird zur Bildung des Passivs verwendet (1):

(1) *The letter was posted yesterday evening.*	**Der Brief wurde gestern Abend aufgegeben.**

Das Partizip Perfekt kann wie ein Adjektiv vor einem Substantiv stehen, wenn es eine dauernde Eigenschaft ausdrückt (2):

(2) *He has got a highly paid job in an American company.*	**Er hat eine gut bezahlte Stellung bei einer amerikanischen Firma.**

Das Partizip Perfekt kann anstelle eines Relativsatzes stehen (3):

(3) *The new CD (which was) released last Monday has turned out to be a great success.*	**Die neue CD, die letzten Montag auf den Markt kam, hat sich als großer Erfolg erwiesen.**
(3) *The programme (that was) broadcast last night was rather boring.*	**Das Programm, das gestern Abend gesendet wurde, war ziemlich langweilig.**

INFOKASTEN

Die Konstruktion *have* + Objekt + Partizip Perfekt entspricht dem deutschen „etwas machen lassen" (4):

(4) *My company has had a firewall installed.*	**Meine Firma hat eine Firewall installieren lassen.**

2.3.3 Partizipialkonstruktionen anstelle von Nebensätzen

Besonders im formellen Englisch ist es üblich, Nebensätze der Zeit (1) und des Grundes (2) durch Partizipialkonstruktionen zu ersetzen. In der Umgangssprache werden stattdessen Nebensätze verwendet.

Nebensatz	Hauptsatz	
(1) *While Tim was walking down the High Street,*	*he saw Julia.*	**Als Tim die High Street hinunter ging, sah er Julia.**
(1) *Walking down the High Street,*	*Tim saw Julia.*	
(2) *As I was ill,*	*I couldn't go to work.*	**Da ich krank war, konnte ich nicht zur Arbeit gehen.**
(2) *Being ill,*	*I couldn't go to work.*	

Es lassen sich nur Nebensätze verkürzen, die das gleiche Subjekt wie der Hauptsatz haben. Folgender Satz (3) lässt sich nicht verkürzen, weil hier zwei verschiedene Subjekte vorkommen:

(3) *While I was waiting for the bus, Mike came along in his car and gave me a lift.*	**Als ich auf den Bus wartete, kam Mike mit seinem Auto vorbei und nahm mich mit.**

INFOKASTEN

Partizipialkonstruktionen lassen auf den ersten Blick nicht mehr erkennen, ob der Grund oder die Zeit ausgedrückt wird, der Sinn muss dann aus dem jeweiligen Zusammenhang erschlossen werden. Folgender Satz (4) kann sowohl den Grund (5) als auch die Zeit angeben (6):

(4) *Playing the guitar, Mark didn't hear the telephone ringing.*	**Weil/als Mark Gitarre spielte, hörte er das Telefon nicht.**

(5) *Because he was playing the guitar, Mark ...*	**Weil ...**
(6) *While he was playing the guitar, Mark ...*	**Als ...**

Nebensätze der Zeit und des Grundes, die im Plusquamperfekt (Past Perfect) stehen, werden sehr häufig durch die Partizipien der Vorzeitigkeit verkürzt (7/Aktiv), (8/Passiv):

(7) *Having read the contract carefully, the boss signed it.*	**Nachdem der Chef den Vertrag sorgfältig durchgelesen hatte, unterschrieb er ihn.**
(8) *Having been hit by a stone, the policeman was taken to hospital.*	**Nachdem/Weil der Polizist von einem Stein getroffen worden war, wurde er ins Krankenhaus gebracht.**

2.3.4 Partizipien mit eigenem Sinnsubjekt

Steht vor dem Partizip ein Substantiv oder ein Pronomen, dann bezieht sich die Partizipialkonstruktion nicht mehr auf das Subjekt im Hauptsatz (1), sondern auf dieses Sinnsubjekt (2):

(1) *Being tired, Peter made himself a cup of coffee.*	**Da er müde war, machte Peter sich eine Tasse Kaffee.**
(2) *His girlfriend being tired, Peter made her a cup of coffee.*	**Da seine Freundin müde war, machte Peter ihr eine Tasse Kaffee.**

2.3.5 Andere Partizipialkonstruktionen

Die Partizipialkonstruktionen, die mit *with* eingeleitet werden, sind auch in der Umgangssprache sehr verbreitet (1):

(1) *I can't concentrate with that music blaring out.*	**Ich kann mich nicht konzentrieren, wenn diese Musik so dröhnt.**
(1) *Antique furniture is selling well with Chippendale fetching the highest prices.*	**Antike Möbel verkaufen sich gut, wobei Chippendale die höchsten Preise erzielt.**

INFOKASTEN

Es gibt einige idiomatische Ausdrücke mit Partizipialkonstruktionen, die hauptsächlich einleitende Funktion haben:

Speaking of ...	**Da wir von ... reden**
Roughly speaking ...	**Grob gesagt ...**
Broadly speaking ...	**Im Großen und Ganzen ...**

3. Das Gerund

Das Gerund ist eine Form des Verbs, die typisch für das Englische ist, die im Deutschen jedoch nicht existiert und deshalb meist durch einen Nebensatz oder den Infinitiv wiedergegeben wird.

3.1 Die Bildung des Gerunds

Das Gerund wird gebildet durch Anhängen von *-ing* an den Infinitiv des Verbs (1):

(1) ***read - reading***
(1) ***to have broken - having broken***

Wie das Partizip und den Infinitiv, gibt es das Gerund in aktivischem und passivischem Sinn und auch in der Bedeutung der Vorzeitigkeit.

Überblick über Formen des Gerunds:

	Aktiv	Passiv
Gegenwartsform	***taking***	***being taken***
Vorzeitigkeit	***having taken***	***having been taken***

INFOKASTEN

Das Gerund hat die Eigenschaft eines Verbs, d. h. es kann ein Objekt bei sich haben, und eines Substantivs, d. h. es kann selbst die Funktion eines Objekts haben:

(2) ***Susan likes reading books.*** **Susan liest gerne Bücher.**

Das Gerund *reading* steht im vorigen Beispiel wie ein Substantiv als Objekt nach *like*, gleichzeitig hat es selbst wie ein Verb das Objekt *books* nach sich.

Die am häufigsten gebrauchte Form des Gerunds ist die Gegenwartsform mit aktivischem Sinn, die auch *-ing*-Form genannt wird (3):

(3) *I like swimming.*	**Ich schwimme gern.**

3.2 Der Gebrauch des Gerunds

Das Gerund steht nach Präpositionen (1) und nach Verben, die das Objekt mit Präposition anschließen (2):

(1) *On opening the box we found an envelope.*	**Beim Öffnen der Kiste fanden wir einen Umschlag.**
(1) *He gave me 5 dollars for helping him.*	**Er gab mir 5 Dollar, weil ich ihm geholfen hatte.**
(2) *He was thinking of going to Canada.*	**Er dachte daran, nach Kanada zu gehen.**

Die Wichtigsten davon sind:

agree with	**übereinstimmen mit**	*depend on*	**abhängen von**
apologize for	**sich entschuldigen für**	*pay for*	**bezahlen für**
complain about	**sich beschweren über**	*take part in*	**teilnehmen an**
concentrate on	**sich konzentrieren auf**	*talk about*	**reden über**
cope with	**mithalten mit**	*think of*	**denken an**
specialize in	**sich spezialisieren auf**	*spend time on*	**Zeit verbringen mit**
spend money on	**Geld ausgeben für**	*look forward to*	**sich freuen auf**

INFOKASTEN

To kann sowohl Teil des Infinitivs (3) als auch Präposition (4) sein:

(3) *Do you want to take the train?*	**Willst du mit dem Zug fahren?**
(4) *I prefer driving to being driven.*	**Ich fahre lieber selbst, als gefahren zu werden.**

Das Gerund steht beispielsweise nach bestimmten Adjektiven, die eine Präposition nach sich haben (5):

(5) *I'm used to getting up early.*	**Ich bin es gewöhnt, früh aufzustehen.**
(5) *She is famous for wearing spectacular hats.*	**Sie ist berühmt dafür, außergewöhnliche Hüte zu tragen.**

Die wichtigsten Adjektive mit Präposition sind:

famous for	**berühmt für**	*angry about*	**ärgerlich über**
glad about	**froh über**	*good at*	**gut in**
interested in	**interessiert an**	*crazy about*	**verrückt nach**
keen on	**begeistert von**	*delighted about*	**sehr erfreut über**
proud of	**stolz auf**	*worried about*	**besorgt über**
used to	**gewöhnt an**		

INFOKASTEN

Used to kann ein modales Hilfsverb (1) und ein Adjektiv (2) sein:

(1) *I used to travel a lot.*	**Früher bin ich viel gereist.**
(2) *I am used to travelling a lot.*	**Ich bin es gewöhnt, viel zu reisen.**

Das Gerund steht nach der Verbindung Substantiv + Präposition (6):

(6) *The advantages of paying by credit card are obvious.*	**Die Vorteile des Zahlens mit Kreditkarte sind offensichtlich.**

Zu diesen Ausdrücken gehören u. a.:

choice between	**Wahl zwischen**	*interest in*	**Interesse an**
dislike for/of	**Abneigung gegen**	*possibility of*	**Möglichkeit**
experience in	**Erfahrung in**		

Das Gerund steht nach bestimmten feststehenden Redewendungen (7):

(7) *What about watching a DVD?*	**Wie wär's, wenn wir eine DVD anschauen würden?**

EBENSO:

There is no ...	**Es lässt sich nicht ...**
It's no use ...	**Es hat keinen Zweck ...**
It's no good ...	**Es hat keinen Sinn ...**

INFOKASTEN

Nach *worth* steht die aktivische Form des Gerunds, obwohl diese Form passivische Bedeutung hat (8):

(8)	*This novel is worth reading.*	**Dieser Roman ist es wert, gelesen zu werden.**

Das Gerund steht nach folgenden Verben:

admit	**zugeben**	*postpone*	**verschieben**
appreciate	**schätzen**	*suggest*	**vorschlagen**
avoid	**vermeiden**	*risk*	**riskieren**
consider	**erwägen**	*understand*	**verstehen**
deny	**leugnen**	*finish*	**beenden**
imagine	**sich vorstellen**	*justify*	**rechtfertigen**
mind	**etwas dagegen haben**	*cannot help*	**nicht anders können als**
enjoy	**sehr gern tun, genießen**	*give up*	**aufgeben, aufhören (mit)**
miss	**vermissen, versäumen**		

INFOKASTEN

Das Gerund wird sehr oft mit dem Partizip Präsens verwechselt, da beide die Endung ***-ing*** haben. Im Gegensatz zum Partizip Präsens, steht vor dem Gerund aber keine Form von ***to be*** (z.B. im Present: ***am, are, is***).

Partizip Präsens: ***My brother is living in London.***

Gerund: ***My brother dreams of living in London.***

Tipp: Das Gerund als Subjekt kann keinen Plural bilden.

Das Deutsche verwendet hier oft den Infinitiv, was im Englischen nicht möglich ist (9):

(9) *He suggested consulting a lawyer.*	**Er schlug vor, einen Rechtsanwalt zu konsultieren.**
(9) *I imagined being in New York.*	**Ich stellte mir vor, in New York zu sein.**

3.2.1 Gerund oder Infinitiv nach bestimmten Verben

Es gibt Verben, nach denen sowohl der Infinitiv als auch das Gerund stehen kann, was in einigen Fällen zur Folge hat, dass sich der Sinn des Satzes je nach verwendeter Konstruktion ändert.

Ohne wesentlichen Bedeutungsunterschied können sowohl Infinitiv als auch Gerund bei Verben verwendet werden, die den Beginn einer Tätigkeit ausdrücken (1):

(1) *He started to play/playing the piano.*	**Er fing an, Klavier zu spielen.**

Kein nennenswerter Bedeutungsunterschied zwischen Gerund und Infinitiv liegt bei Verben vor, die Mögen oder Nichtmögen ausdrücken.

I hate to tell/telling people bad news.	**Ich hasse es, Leuten schlechte Nachrichten mitzuteilen.**

Meist jedoch wird das Gerund verwendet, wenn man sich auf etwas im allgemeinen Sinn bezieht, der Infinitiv, wenn man sich auf eine konkrete Situation bezieht.

INFOKASTEN

Nach *would like* steht immer der Infinitiv (2):

(2) *Would you like to come round this evening?*	**Möchtest du heute Abend vorbeikommen?**

Folgende Verben erhalten einen anderen Sinn, je nachdem, ob sie mit Gerund oder Infinitiv konstruiert werden:

– bei *remember* (sich erinnern), *forget* (vergessen) und *regret* (bedauern) bezieht sich das Gerund auf etwas, was in der Vergangenheit geschah (3), der Infinitiv auf etwas, was noch getan werden soll bzw. sollte (4):

(3) *I remember closing the window.*	**Ich kann mich erinnern, das Fenster zugemacht zu haben.**
(3) *I remember locking the door when I left the house.*	**Ich kann mich daran erinnern, dass ich die Tür zugesperrt habe, als ich das Haus verließ.**
(3) *I regret informing you that your bike had been damaged.*	**Ich bedaure es, Ihnen mitgeteilt zu haben, dass Ihr Fahrrad beschädigt wurde.**
(4) *Don't forget to ring up Susan.*	**Vergiss nicht, Susan anzurufen.**
(4) *I must remember to lock the door when I leave the house.*	**Ich muss mich daran erinnern, die Tür zuzusperren, wenn ich das Haus verlasse.**
(4) *I regret to inform you that your bike has been damaged.*	**Ich muss Ihnen leider mitteilen, dass Ihr Fahrrad beschädigt wurde.**

VERGLEICHE:

He stopped to smoke.	**Er hielt inne, um zu rauchen.**
He stopped smoking.	**Er hat mit dem Rauchen aufgehört.**

– *mean* mit dem Infinitiv bedeutet „beabsichtigen" (5), mit dem Gerund hingegen wird es im Sinn von „bedeuten" verwendet (6):

(5) *I didn't mean to be rude.*	**Ich wollte nicht unhöflich sein.**
(6) *We want to be there before nine o'clock. That means leaving early.*	**Wir wollen vor neun Uhr dort sein. Das bedeutet, dass wir früh weg müssen.**

– *go on* mit dem Gerund bedeutet „die gleiche Handlung fortsetzten" (7), während *go on* mit dem Infinitiv bedeutet, dass eine neue Handlung beginnt (8):

(7) *He went on watching TV as if nothing had happened.*	**Er sah weiter fern, als ob nichts geschehen sei.**
(8) *After welcoming everyone, he went on to introduce the guest speakers.*	**Nachdem er alle begrüßt hatte, stellte er die Gastredner vor.**

– *try* mit dem Infinitiv bedeutet „versuchen etwas zu tun" (9), mit dem Gerund wird es im Sinne von „etwas ausprobieren" (10) verwendet:

(9)	*He tried to open the door, but it was locked.*	**Er versuchte die Tür zu öffnen, aber sie war abgesperrt.**
(10)	*Have you tried putting an advertisement in the local paper?*	**Hast du's schon mal mit einer Anzeige in der örtlichen Zeitung versucht?**

3.2.2 Das Gerund mit eigenem Sinnsubjekt

Steht vor dem Gerund ein Substantiv oder ein Pronomen, dann bezieht sich das Gerund nicht auf das Subjekt im Hauptsatz (1), sondern es bezieht sich auf das Sinnsubjekt (2):

(1)	*Do you mind opening the window?*	**Hast du etwas dagegen, das Fenster aufzumachen?**
(2)	*Do you mind me opening the window?*	**Hast du etwas dagegen, dass ich das Fenster aufmache?**

3.3 Besonderheiten der Schreibweise bei Gerund und Partizip Präsens

Endet das Verb auf ein stummes *-e*, entfällt dieses (1):

(1)	*ride – riding*	**reiten – reitend/das Reiten**

Endet das Verb auf einen Konsonanten, dann wird er verdoppelt, wenn davor ein einfacher, kurzer und betonter Vokal steht (2):

(2)	*shop – shopping*	**einkaufen – einkaufend/das Einkaufen**

Liegt die Betonung nicht auf dem letzten Vokal, dann wird der nachfolgende Konsonant nicht verdoppelt (3):

(3)	*develop - developing*	**entwickeln – entwickelnd/das Entwickeln**

Lautet der Infinitiv auf *-ie*, so wird *-ie* zu *-y* (4):

(4)	*lie - lying*	**liegen – liegend/das Liegen**

ÜBUNGEN: DAS VERB IV

1. ÜBERSETZEN SIE MIT EINER INFINITIVKONSTRUKTION!

a. Janet war die letzte, die fertig war.

----

b. Mein Vater brachte mir das Autofahren bei.

----

c. Es ist leicht zu verstehen wieso sie so wütend ist.

----

d. Ich wusste nicht, wem ich vertrauen konnte.

----

e. Er sagte mir, ich soll die E-Mail sofort abschicken.

----

f. Wir haben vergessen, Mark einzuladen.

----

2. WÄHLEN SIE DIE RICHTIGE ALTERNATIVE!

a. Who is that woman **sitting/sat** over there in the corner?

b. **Losing/Having lost** her phone number, I couldn't give her a call.

c. There was a photo **attaching/attached** to her job application.

d. The paintings **stolen/having been stolen** from the gallery were found again many years later.

e. They were sitting in a café, **eaten/eating** ice-cream.

f. **Have warned/Having been warned** of the danger, we didn't go for a swim in the sea.

3. PARTIZIP PRÄSENS ODER PARTIZIP PERFEKT? FINDEN SIE DAS PASSENDE VERB UND SETZEN SIE DIE KORREKTE FORM EIN!

(be, find, lie, lose, pin, produce, queue, run, surf)

a. ... in the crowd, the little girl began to cry.

b. He wastes too much time .... the internet.

c. There were at least 20 people ... for the bus.

d. Most of the wine ... in this region is red.

e. We spent the last day of our holiday ... by the pool.

f. I didn't see anyone, but I heard someone .... away.

4. WELCHE HAUPT- UND NEBENSÄTZE PASSEN ZUSAMMEN?

a. Feeling exhausted

b. Having passed her driving test,

c. Not wanting to wake him,

d. Speaking of good news,

e. Having been sent a computer virus,

f. Jenny being off sick,

g. Not having any money for a taxi,

h. Having signed lots of autographs,

1. we had to do all her work, too.

2. we had to walk home.
3. the film star left in his limousine.
4. I went to bed at 8 p.m.
5. we spoke in whispers.
6. Maria bought herself a new car.
7. I've just been promoted!
8. I lost all my files.

5. ERGÄNZEN SIE DIE SÄTZE MIT EINER PRÄPOSITION UND DEM GERUND!

a. Neil Armstrong was the first man on the moon.
He is famous ____________________ the first man on the moon.

b. My brother is an excellent footballer.
He is very good __________________

c. I really can't wait to go on holiday!
I am really looking forward _______

d. Linda is extremely pleased that she won the race.
She is very proud _______________

e. It's too difficult for her to use that computer programme.
She can't cope _________________

f. "I'm so sorry I'm late!" said Pete.
Pete apologized _________________

g. "I'll pay for everyone and I won't take no for an answer!"
She insisted ______________________

6. KORRIGIEREN SIE – WO NÖTIG!

a. It was raining, so he suggested to take a cab.
____

b. Would you like having a drink with me this evening?
____

c. I've always wanted to visit Thailand.
____

d. Katie enjoys to chat with her friends online.
____

e. The boy denied having broken the window.
____

f. I am not used to get up so early every morning.
____

g. You can have the car if you promise bringing it back by 10 p.m.
____

7. WAS BEDEUTEN FOLGENDE SÄTZE?

a. I don't mind people smoking in my office.
1. I hate people smoking in my office.
2. It's OK if people smoke in my office.

b. She stopped to make a phone call.
1. She hung up the phone in the middle of the conversation.
2. She interrupted another activity in order to make a call.

c. I didn't remember to shut the window.
1. It was my job to shut it but I forgot to do so.
2. I have no idea whether I shut it or not.

1. Die Zeitenfolge

Im Englischen folgt einer bestimmten Zeit im Hauptsatz auch eine bestimmte Zeit im Nebensatz. Diese so genannte Zeitenfolge richtet sich danach, ob eine bestimmte Zeitstufe zu den Zeiten der Gegenwart oder zu den Zeiten der Vergangenheit gehört.

Zu den Zeiten der Gegenwart gehören:		Zu den Zeiten der Vergangenheit gehören:	
Present Tense	Gegenwart	Past Tense	1. Vergangenheit
Present Perfect	2. Vergangenheit	Past Perfect	3. Vergangenheit
Will-Future	Futur I	Conditional Tense	Konditional I
Future Perfect	Futur II	Conditional Perfect	Konditional II

Steht im Hauptsatz eine Zeitform der Gegenwart, so kann im Nebensatz Present Tense, Past Tense, *will*-Future und Present Perfect stehen.
Steht im Hauptsatz eine Zeitform der Vergangenheit, so muss im Nebensatz ebenfalls eine Zeitform der Vergangenheit stehen.
Diese beiden Regeln der Zeitenfolge kommen auch bei der indirekten Rede und bei den Bedingungssätzen zur Anwendung.

2. Die indirekte Rede

Die direkte Rede gibt Aussagen von Personen so wieder, wie sie von diesen gemacht wurden. Die indirekte Rede hingegen wird dazu benutzt, Aussagen von Dritten (1) und auch Gedanken und Aussagen vom Sprecher selbst wiederzugeben (2):

(1) ***Jack told me (that) he had an accident yesterday.***	**Jack erzählte mir, dass er gestern einen Unfall gehabt habe.**
(2) ***I wondered if/whether that was true.***	**Ich fragte mich, ob das wohl wahr sei.**

Im Deutschen wird die indirekte Rede im Konjunktiv wiedergegeben; das Englische benutzt in der indirekten Rede nicht den Konjunktiv, sondern verschiebt die Zeit des Satzes, der wiedergegeben wird, zurück in die Vergangenheit. Ob diese Verschiebung stattfindet, hängt davon ab, ob das Verb, das die indirekte Rede einleitet, in einer Zeit der Gegenwart oder der Vergangenheit steht.

INFOKASTEN

Bei der Umwandlung der direkten in die indirekte Rede ändern sich die Pronomen sinngemäß.
Anders als im Deutschen steht zwischen Haupt- und Nebensatz in der indirekten Rede kein Komma.
In der indirekten Rede kann *that* oft entfallen.

2.1 Einleitendes Verb in einer Zeit der Gegenwart

Steht das einleitende Verb in einer Zeit der Gegenwart, dann bleibt die Zeit der direkten Rede (1) auch in der indirekten Rede (2) erhalten:

(1) *The official: "Flight BC 34 will be delayed."*	**Der Angestellte: „Flug BC 34 wird Verspätung haben."**
(2) *Keith to Susan: "The official has just said that flight BC 34 will be delayed."*	**Keith sagt zu Susan: „Der Angestellte hat gerade gesagt, dass der Flug BC 34 Verspätung haben wird."**

2.2 Einleitendes Verb in einer Zeit der Vergangenheit

2.2.1 Zeitenverschiebung bei Hilfs- und Vollverben

Steht das einleitende Verb bei der indirekten Rede in einer Zeit der Vergangenheit, so tritt folgende Zeitenverschiebung ein:

Direkte Rede	Indirekte Rede
Gegenwart (Present Tense)	Imperfekt (Past Tense)
Tom: "I'm sorry."	*Tom said he was sorry.*
Tom: **„Es tut mir leid."**	**Tom sagte, es tue ihm leid.**
Imperfekt (Past Tense)	Plusquamperfekt (Past Perfect)
"We were in Spain in March."	*We told them that we had been in Spain in March.*
„Wir waren im März in Spanien."	**Wir erzählten ihnen, dass wir im März in Spanien gewesen wären.**

Perfekt (Present Perfect)	Plusquamperfekt (Past Perfect)
Sarah: "I've never been to Wales before."	***Sarah remarked that she had never been to Wales before.***
Sarah: „Ich bin noch nie zuvor in Wales gewesen."	**Sarah bemerkte, dass sie noch nie zuvor in Wales gewesen sei.**
Futur (*will*-Future)	Konditional (Conditional Tense)
Simon: "I'll never do it again."	***Simon promised that he would never do it again.***
Simon: „Ich werde es nie wieder tun."	**Simon versprach, dass er es nie mehr tun werde.**

INFOKASTEN

In der Umgangssprache bleibt das Imperfekt oft in der indirekten Rede erhalten und wird nicht zu Plusquamperfekt.

"I was very frightened by the story he told yesterday."

I told them that I was very frightened by the story he told the day before.

Viele modale Hilfsverben werden in der indirekten Rede unverändert wiedergegeben.

Folgende modale Hilfsverben werden in der indirekten Rede verändert:

Direkte Rede	Indirekte Rede
may - **könnte**	*might* - **könnte**
can - **könnte**	*could* - **könnte**
will - **wird**	*would* - **würde**

INFOKASTEN

Must im Sinne einer Verpflichtung wird in der indirekten Rede zu *had to* (1).

(1) ***"I must finish reading the book before my exam starts."***
She told us that she had to finish reading the book before her exam started.

Bedeutet *must* „muss wohl" im Sinne einer Annahme, wird es in der indirekten Rede nicht verändert (2).

(2) ***"There must be another answer."***
She said that there must have been another answer.

2.2.2 Keine Zeitenverschiebung

Keine Zeitenverschiebung – obwohl das Verb in einer Zeit der Vergangenheit steht – tritt ein, wenn der Satz, der wiedergegeben wird, zum Zeitpunkt seiner Wiedergabe immer noch gültig ist (1) oder vom Sprecher für wahr gehalten wird (2):

(1) ***He told me that his birthday is in June.***	**Er erzählte mir, dass er im Juni Geburtstag hat.**
(2) ***Brian told me that he has broken his arm.***	**Brian erzählte mir, dass er sich den Arm gebrochen hat. (Ich glaube ihm das).**

Keine Zeitenverschiebung tritt bei Past Perfect und Conditional Perfect ein, da diese Zeiten nicht mehr weiter in die Vergangenheit verschoben werden können (3):

(3) ***"If I had known, I wouldn't have gone."***	**„Wenn ich es gewusst hätte, wäre ich nicht gegangen."**
She said that if she had known, she wouldn't have gone.	**Sie sagte, dass sie nicht gegangen wäre, wenn sie es gewusst hätte.**

2.2.3 Veränderung von adverbialen Bestimmungen des Ortes und der Zeit

In der indirekten Rede kann es notwendig werden, Zeit- und Ortsangaben zu verändern, wenn durch die Übernahme der Orts- und Zeitangaben aus der direkten Rede Missverständnisse entstehen können.

INFOKASTEN

Folgende Zeitangaben werden in der indirekten Rede bei Bedarf verändert:

Direkte Rede		Indirekte Rede	
today	**heute**	***that day***	**an jenem Tag**
yesterday	**gestern**	***the day before***	**am Tag zuvor**
this week	**in dieser Woche**	***that week***	**in jener Woche**
tomorrow	**morgen**	***the next day***	**am folgenden Tag**
last week	**letzte Woche**	***the week before***	**in der Woche zuvor**
next week	**nächste Woche**	***the following week***	**in der folgenden Woche**
two months ago	**vor zwei Monaten**	***two months earlier***	**zwei Monate früher**

Ebenso ändern sich folgende Ortsangaben:

Direkte Rede		Indirekte Rede	
here	**hier**	*there*	**dort**
this	**diese**	*that*	**jenes**

2.3 Der Fragesatz in der indirekten Rede

Fragen, die die Antwort ja oder nein verlangen, werden in der indirekten Rede durch einen Aussagesatz wiedergegeben, der mit *whether/if* (ob) eingeleitet wird (1):

(1) *The customs officer asked whether/if we had anything to declare.*	**Der Zollbeamte fragte uns, ob wir etwas zu verzollen hätten.**

Fragen, die mit einem Fragewort beginnen, werden mit diesem Fragewort eingeleitet; danach folgt die Stellung des Aussagesatzes (2):

(2) *Where do you want to go?*	**Wohin willst du gehen?**
He asked me where I wanted to go.	**Er fragte mich, wohin ich gehen wolle.**

2.4 Der Befehlssatz in der indirekten Rede

Befehle werden in der indirekten Rede mit dem Infinitiv mit *to* nach dem einleitenden Verb wiedergegeben (1). Nach *say* und *tell* können Befehle auch mit *should* und Verb wiedergegeben werden (2).

(1) *The captain told us to fasten our seat belts.*	**Der Kapitän befahl uns, die Gurte anzulegen.**
(2) *My teacher told me that I should study more.*	**Mein Lehrer sagte mir, dass ich mehr lernen soll.**

3. Die Bedingungssätze (if-Sätze)

Bedingungssätze bestehen aus einem Nebensatz, dem *if*-Satz, der die Bedingung enthält, und einem Hauptsatz, der ausdrückt, was unter dieser Bedingung geschieht bzw. geschehen würde.

if-Satz (Nebensatz)	Hauptsatz
If it rains tomorrow,	*I will go to an exhibition.*
Wenn es morgen regnet,	**gehe ich in eine Ausstellung.**
If I had a car,	*things would be a lot easier.*
Wenn ich ein Auto hätte,	**wäre alles viel leichter.**
If I had had more money,	*I would have travelled to Italy.*
Wenn ich mehr Geld gehabt hätte,	**wäre ich nach Italien gefahren.**

INFOKASTEN

Der *if*-Satz kann sowohl vor als auch nach dem Hauptsatz stehen. Steht der *if*-Satz nach dem Hauptsatz, so wird zwischen beide Sätze kein Komma gesetzt:
I would feel much better if you stopped doing that.

Welche Zeiten im *if*-Satz und im Hauptsatz stehen, hängt davon ab, ob der Sprecher die Bedingung für real, vorstellbar oder für nicht mehr erfüllbar hält. Im Wesentlichen gibt es 3 Typen von Bedingungssätzen:

3.1 Der *if*-Satz im Präsens

Hält der Sprecher eine Bedingung für prinzipiell erfüllbar (1) oder schon in der Gegenwart für gegeben (2), so steht im *if*-Satz Präsens und im Hauptsatz Futur I (*will*-Future):

(1) *If you hurry, you will catch the bus.*	**Wenn du dich beeilst, dann kriegst du den Bus noch.**
(2) *If it keeps on raining like this, we won't be able to go inline skating later.*	**Wenn es so weiterregnet, dann können wir später nicht Inline-Skaten.**

INFOKASTEN

In Bedingungssätzen dieses Typs können im Hauptsatz auch die modalen Hilfsverben *should/ought to* (sollen), *might* (könnte vielleicht), *can* (können) stehen.
If you should continue to do such foolish things, you won't live much longer.

In Bedingungssätzen dieses Typs kann im Hauptsatz auch das Präsens stehen, wenn es sich um einen Zusammenhang handelt, der immer auftritt (3):

(3) *If you drop a stone, it falls to the ground.*	**Wenn du einen Stein fallen lässt, dann fällt er zu Boden.**
(3) *If you cut yourself, you bleed.*	**Wenn du dich schneidest, blutest du.**

3.2 Der *if*-Satz im Imperfekt

Will man ausdrücken, dass unter einer Bedingung, die man sich rein theoretisch vorstellt, etwas Bestimmtes geschehen würde, dann steht im *if*-Satz das Imperfekt und im Hauptsatz das Konditional I (1):

(1) *If I knew her number, I would ring her up.*	**Wenn ich ihre Nummer wüsste, würde ich sie anrufen.**
(1) *If the hat was green, I would by it.*	**Wenn der Hut grün wäre, würde ich ihn kaufen.**

INFOKASTEN

Das Imperfekt drückt hier nicht die 1. Vergangenheit aus, sondern den Konjunktiv.
Die Umgangssprache verwendet durchgängig die Formen des Past Tense für den Konjunktiv. Im formellen Englisch steht für *be* die grammatikalisch eigentlich korrekte Form *were* für alle Personen. Erhalten geblieben ist die Form *were* jedoch auch in der Umgangssprache in dem Ausdruck *If I were* ... (2):

(2) *If I were you, I would complain.*	**Wenn ich du wäre, würde ich mich beschweren.**
(2) *If I were a bird, I would fly to Africa in winter.*	**Wenn ich ein Vogel wäre, würde ich im Winter nach Afrika fliegen.**

3.3 Der *if*-Satz im Plusquamperfekt

Bezieht man sich auf ein Ereignis, das in der Vergangenheit tatsächlich geschehen ist, und stellt man sich vor, dass sich damals unter anderen Bedingungen etwas ganz Anderes ereignet hätte, so handelt es sich um eine nicht mehr erfüllbare Bedingung.

In Bedingungssätzen, die eine nicht erfüllbare Bedingung zum Ausdruck bringen, steht im *if*-Satz immer das Plusquamperfekt und im Hauptsatz steht das Konditional II (1):

(1) ***If he hadn't missed the bus, he would have been there on time.***	**Wenn er den Bus nicht verpasst hätte, dann wäre er rechtzeitig dort gewesen.**
(1) ***If you hadn't wasted so much time, you would have been able to finish your work on time.***	**Wenn du nicht so viel Zeit verschwendet hättest, dann hättest du deine Arbeit rechtzeitig beenden können.**

Im *if*-Satz steht in der Regel kein *would* oder *will*. *Would* und *will* können im *if*-Satz nur dann verwendet werden, wenn der *if*-Satz eine höfliche Aufforderung darstellt (2):

(2) ***If you would/will wait here, ...***	**Wenn Sie so freundlich wären, hier zu warten ...**
(2) ***It would be very nice if she would lay the table.***	**Es wäre sehr nett, wenn sie so freundlich wäre, den Tisch zu decken.**

INFOKASTEN

An die Stelle von *if* können auch die Konjunktionen *unless* (wenn nicht, es sei denn) (3) und *provided* (vorausgesetzt) (4) treten:

(3) ***Don't come unless I phone you.***	**Komm nicht, es sei denn, ich rufe dich an.**
(3) ***He won't give you anything unless you're really nice to him.***	**Er wird dir gar nichts geben, es sei denn, du bist sehr nett zu ihm.**
(4) ***He can have the car provided he is back by seven o'clock.***	**Er kann das Auto haben, vorausgesetzt, er bringt es bis sieben Uhr zurück.**
(4) ***You can have anything you want provided you ask for it politely.***	**Sie können alles haben was Sie wollen, vorausgesetzt, Sie fragen höflich danach.**

ÜBUNGEN: DIE ZEITEN IM SATZGEFÜGE

1. FORMEN SIE IN INDIREKTE REDE UM!

a. "Sheila is going to spend a year in Canada."
She told me that Sheila _________

b. "I'll pick you up from the station tomorrow."
He said _________

c. "I don't know if I can come to the party."
She said _________

d. "We've just bought a house in the south of France."
They told me _________

e. "I rang Will and left a message on his answering machine."
She said _________

f. "I may be able to help you, but I'm not sure."
He said _________

2. BILDEN SIE INDIREKTE FRAGESÄTZE!

a. were – to – wanted – they – he – who – know

b. I – pub – if – asked – nice – me – a – she – knew

c. film – what – we – started – her – the – asked – time

d. whether – there – asked – we – been – they – before – had – us

e. much – I – would – to – cost – know – it – wanted – how

f. him – earlier – she – could – if – come – asked – he

3. ÄNDERN SIE DIE ZEITANGABEN IN DER INDIREKTEN REDE!

a. "I'll do it tomorrow."
She said she'd do it _________

b. "I've sent 5 faxes today."
She said she'd sent 5 faxes ______

c. "We need to make a decision this week."
He said that we need to make a decision _________

d. "I spoke to him last week."
She told me she'd spoken to him
____

e. "Let's confirm the details next week."
He said we should confirm the details _________

4. VERBESSERN SIE FOLGENDE SÄTZE!

a. If I would have time, I'd learn a new language.
____

b. I'll make the dinner if I get home this evening.
____

c. If I had heard my alarm clock this morning, I'd have been late.
____

d. It would be cheaper if you buy it on the internet.
____

e. I'll install an anti-virus program if I were you.
____

f. When you had been quicker we wouldn't have missed the bus.

____

g. I were happy if I won the lottery jakkpot.

____

5. SETZEN SIE DIE RICHTIGEN VERBFORMEN EIN (PLUSQUAMPERFEKT)!

a. If I ___________ (know) you would be here, I _______ (bring) you a present.

b. If he __________________ (not/move) to London, he _______________ (not meet) his future wife.

c. I _______________ (disappoint) if it ___________ (rain) on my wedding day.

d. If no-one ___________ (vote) for him, he _________________ (not/become) Prime Minister.

e. She _____________ (not/know) about it if they _____________ (not/tell) her.

f. The meeting ______________ (finish) a lot earlier if everyone ___________ (be) on time.

g. If you __________________ (not/eat) that fish you ___________ (not/be) ill.

h. If everyone ________________ (listen) to me, none of these problems _________________ (arise).

6. WELCHES SATZENDE IST KORREKT?

a. If you had made more of an effort,
1. you could have passed the exam.
2. you wouldn't have passed the exam.

b. If Britain had the Euro,
1. it will be easier to compare prices.
2. it would be easier to compare prices.

c. If I were taller,
1. I could work as a model.
2. I might have worked as a model.

d. If it is sunny at the weekend,
1. we would go for a picnic.
2. we'll go for a picnic.

7. VERBINDEN SIE DIE SATZHÄLFTEN MIT EINER DER VORGEGEBENEN KONJUNKTIONEN!

(if, when, unless, provided that)

a. It's night-time in Europe ________ it's daytime in Australia.

b. It would be a shame ________ we lost touch.

c. Don't switch on the TV ________ there's something good on.

d. I would have been surprised _______ Bridget had known the answer.

e. You can borrow the book ________ you give it back to me on Monday.

f. I wouldn't take the room ________ it had a sea view.

g. She could be the champion ______ she trained harder.

h. I'll phone him ________ I get home this evening.

i. You won't find the answer ________ you ask.

j. You can borrow my plates for your party ________ you replace any breakages.

DAS PRONOMEN

Pronomen sind Fürwörter, d. h. sie stehen für ein bereits genanntes Wort, meist für ein Substantiv oder einen Eigennamen. Es gibt Pronomen in adjektivischer Form („mein Stift“) und in substantivischer Form („der mein(ig)e“).

1. Das Personalpronomen

Das Personalpronomen (persönliches Fürwort) dient dazu, ein Substantiv zu ersetzen (1):

(1)	*Jane likes Jim.*	**Jane mag Jim.**
	She likes him.	**Sie mag ihn.**

Die Formen des Personalpronomens:

Einzahl	1. Fall		3. Fall		4. Fall	
1. Person	*I*	**ich**	*me*	**mir**	*me*	**mich**
2. Person	*you*	**du**	*you*	**dir**	*you*	**dich**
3. Person	*he*	**er**	*him*	**ihm**	*him*	**ihn**
	she	**sie**	*her*	**ihr**	*her*	**sie**
	it	**es**	*it*	**es**	*it*	**es**
Mehrzahl						
1. Person	*we*	**wir**	*us*	**uns**	*us*	**uns**
2. Person	*you*	**ihr**	*you*	**euch**	*you*	**euch**
3. Person	*they*	**sie**	*them*	**ihnen**	*them*	**sie**

Anders als im Deutschen ist im Englischen die Form für den dritten und vierten Fall des Personalpronomens gleich: *me* – mir/mich. Wie beim Substantiv werden Dativ und Akkusativ durch Stellung und Präposition ausgedrückt (Wortstellung im Satz → S. 120 ff.).

INFOKASTEN

Die Höflichkeitsform „Sie“ für „Du“ existiert im Englischen nicht; je nach Zusammenhang wird *you* im Deutschen mit „Sie“ oder „Du“ wiedergegeben.

2. Das Reflexivpronomen

Das Reflexivpronomen (rückbezügliches Fürwort) bezieht das Verb auf das Subjekt des Satzes zurück (1):

John is always talking about his job.	**John redet immer von seiner Arbeit.**
(1) *John is always talking about himself.*	**John redet immer nur über sich selbst.**

	Einzahl		Mehrzahl	
1. Person	*myself*	**mir, mich**	*ourselves*	**uns**
2. Person	*yourself*	**dir, dich**	*yourselves*	**euch**
3. Person	*himself*	**sich**	*themselves*	**sich**
	herself	**sich**		
	itself	**sich**		

Anders als im Deutschen sind die folgenden Verben nicht reflexiv, d. h. ihnen folgt kein Reflexivpronomen:

to relax	**sich entspannen**	*to change*	**sich verändern**
to open	**sich öffnen**	*to remember*	**sich erinnern**
to look forward to	**sich freuen auf**	*to imagine*	**sich etwas vorstellen**
to concentrate	**sich konzentrieren**		

INFOKASTEN

Soll eine wechselseitige Beziehung zwischen zwei oder mehreren Personen ausgedrückt werden, wird *each other* verwendet (2):

(2) *Judy an Jill don't like each other.*	**Judy und Jill mögen sich nicht.**

Aber:

The actors could see themselves on the screen.	**Die Schauspieler konnten sich auf der Leinwand sehen.**

3. Das Possessivpronomen

Das Possessivpronomen (besitzanzeigendes Fürwort) dient dazu, den Besitz oder die Zugehörigkeit zu Personen oder Dingen auszudrücken.

3.1 Das adjektivische Possessivpronomen

	Einzahl		Mehrzahl	
1. Person	*my*	**mein**	*our*	**unser**
2. Person	*your*	**dein**	*your*	**euer**
3. Person	*his*	**sein**	*their*	**ihr**
	her	**ihr**		
	its	**sein**		

Das adjektivische Possessivpronomen steht vor einem Substantiv (1). Es bleibt unverändert:

(1) *These are her keys.*	**Das sind ihre Schlüssel.**

Its ist das Possessivpronomen von *it*, während *it's* die Kurzform von *it is* ist.

3.2 Das substantivische Possessivpronomen

Das substantivische Possessivpronomen ersetzt die Verbindung adjektivisches Possessivpronomen + Substantiv durch ein einziges Wort. Das substantivische Possessivpronomen steht immer ohne Artikel (1):

	Einzahl		Mehrzahl	
1. Person	*mine*	**meines**	*ours*	**unseres**
2. Person	*yours*	**deines**	*yours*	**eures**
3. Person	*his*	**seines**		
	her	**ihres**	*theirs*	**ihres**
	its	**seines**		

(1) *I have lost my pen.*	**Ich habe meinen Stift verloren.**
Can I have yours?	**Kann ich deinen haben?**
It isn't mine.	**Es ist nicht meiner.**

4. Das Relativpronomen

Das Englische kennt – im Gegensatz zum Deutschen – zwei verschiedene Typen von Relativsätzen: bestimmende und nicht bestimmende Relativsätze. Welches Relativpronomen (bezügliches Fürwort) verwendet wird, hängt davon ab, ob ein Relativsatz bestimmend oder nicht bestimmend ist.
Bestimmende Relativsätze (1) zeichnen sich dadurch aus, dass sie nicht aus dem Satzgefüge weggelassen werden können, ohne den Sinn völlig zu verändern; sie bestimmen ein Substantiv eindeutig und werden nicht durch Kommata vom Hauptsatz getrennt:

(1) ***The man who lives next door is a musician.***	**Der Mann, der nebenan wohnt, ist Musiker.**

Nicht bestimmende Relativsätze geben eine Zusatzinformation zu einem Substantiv (2) oder einem ganzen Satz (3), die für das nähere Verständnis des Hauptsatzes nicht unmittelbar notwendig ist. Sie werden mit Hilfe von Kommata vom Hauptsatz getrennt:

(2) ***Simon, who lives next door, is my best friend.***	**Simon, der nebenan wohnt, ist mein bester Freund.**
(3) ***I live in Redhill, which is not far from London.***	**Ich lebe in Redhill, das nicht weit von London entfernt ist.**

Grundsätzlich können für beide Typen von Relativsätzen folgende Relativpronomen verwendet werden:

- Für Personen wird das Relativpronomen *who* (4) und für Dinge *which* (5) verwendet:
- *Whose* gibt das deutsche „dessen" sowohl für Personen (6) als auch für Dinge wieder (7):
- Im 3. und 4. Fall lautet das Pronomen für Personen in nicht-bestimmenden Relativsätzen *whom*,
- in allen bestimmenden Relativsätzen kann *who* und auch *whom* verwendet werden (8):
- *where* kann in bestimmenden und nicht-bestimmenden Relativsätzen verwendet werden, um über Orte zu reden (9):

(4) *This is Mr Miller, who is in charge of the sales.*	**Dies ist Mr. Miller, der der Leiter der Verkaufsabteilung ist.**
(5) *I have got a job which suits me.*	**Ich habe einen Beruf, der mich befriedigt.**
(6) *Sandra, whose friend works for BA, has found a new job.*	**Sandra, deren Freundin bei BA arbeitet, hat eine neue Stelle gefunden.**
(7) *That's the company whose president was arrested.*	**Das ist die Firma, deren Präsident verhaftet wurde.**
(8) *This is Mr Miller, whom you have already met.*	**Das ist Mr. Miller, den Sie bereits getroffen haben.**
(9) *That's the pool where I first learned to swim.*	**Das ist das Hallenbad, in dem ich das Schwimmen gelernt habe.**

INFOKASTEN

In der Umgangssprache wird bei bestimmenden Relativsätzen sowohl für Personen als auch für Dinge *that* gebraucht.

In der Umgangssprache ist es üblich, in einem bestimmenden Relativsatz das Relativpronomen entfallen zu lassen, wenn es als Objekt steht (10):

(10) *The car (that) we bought ...*	**Das Auto, das wir kauften ...**

Nur in sehr formellem Englisch wird im Objektfall *whom* statt *who* gebraucht (11):

(11) *The person whom I most admire ...*	**Die Person, die ich am meisten bewundere ...**

Bei Verben, die das Objekt mit einer Präposition anschließen, bleibt die Präposition oft hinter dem Verb; das Relativpronomen kann entfallen (12). Die Präposition kann auch vor das Relativpronomen treten, allerdings nicht vor *who* und *that*:

(12) *We have got the lap top (that/which) you are interested in.*	**Wir haben den Laptop, für den Sie sich interessieren.**

5. Das Interrogativpronomen

Das Fragepronomen dient dazu, nach Personen oder Dingen zu fragen.
Das Fragepronomen für Personen lautet für das deutsche „wer" (1. Fall), „wem" (3. Fall), und „wen" (4. Fall) *who* (1). Für den 3. und 4. Fall bevorzugt das formelle Englisch *whom* (2):

(1)	*Who can swim?*	**Wer kann schwimmen?**
(1) (2)	*Who(m) did you give it to?*	**Wem hast du es gegeben?**
(1) (2)	*Who(m) did you meet at the disco?*	**Wen hast du in der Disco getroffen?**

Mit *whose* (wessen) wird nach dem Besitz oder der Zughörigkeit gefragt (3):

(3)	*Whose book is this?*	**Wessen Buch ist das hier?**

Mit *what* oder *which* wird nach Dingen gefragt. *What* wird verwendet, wenn allgemein nach etwas gefragt wird (4), *which*, wenn aus einer bestimmten Anzahl von Personen oder Dingen eine Auswahl getroffen werden soll (5):

(4)	*What goods do you produce in this factory?*	**Welche Waren produzieren Sie in dieser Fabrik?**
(5)	*Which items sell best?*	**Welche Artikel verkaufen sich am besten?**

Weitere Fragepronomen:

where	**wo, wohin**	*why*	**warum**
when	**wann**	*how long*	**wie lange**
how	**wie**	*how many*	**wie viele**

6. Das Demonstrativpronomen

Das Englische kennt zwei Demonstrativpronomen (hinweisende Fürwörter): *this* (dies) und *that* (jenes). Beide Pronomen werden im Allgemeinen jedoch meist ohne größeren Bedeutungsunterschied gebraucht. Sie werden daher beide auch mit „dies"/„diese" übersetzt.

Einzahl		Mehrzahl	
this book	**dieses Buch**	*these books*	**diese Bücher**
that book	**jenes Buch**	*those books*	**jene Bücher**

INFOKASTEN

That/those werden jedoch immer dann verwendet, wenn etwas räumlich oder zeitlich weit entfernt liegt (1):

(1) *Can I have that book over there?*	**Kann ich das Buch dort drüben haben?**

7. Die indefiniten Pronomen

Die indefiniten Pronomen bezeichnen Mengen von Dingen und Gruppen von Personen oder beziehen sich auf Dinge oder Personen, ohne eine bestimmte Sache oder Person zu bezeichnen.

7.1 *Some* und *any*

Some bezeichnet eine unbestimmte Menge von zählbaren (1) und unzählbaren Begriffen (2):

(1) *some friends*	**einige Freunde**
(2) *some music*	**etwas Musik**

In bejahten Aussagesätzen (3) und in höflichen Fragen (4), bei denen der Sprecher eine positive Antwort erwartet, wird *some* verwendet:

(3) *There are some people here who would like to talk to you.*	**Es sind einige Leute da, die Sie sprechen möchten.**
(4) *Would you like some toast?*	**Hättest du gern etwas Toast?**

In verneinten Sätzen (5) und in Fragen (6), in denen nach einem Sachverhalt gefragt wird, wird *any* verwendet:

(5) *There isn't any tea left.*	**Es ist kein Tee mehr da.**

(6) *Is there any tea left?*	**Ist noch Tee da?**
(6) *Are there any biscuits left?*	**Sind noch Kekse da?**

Die obigen Regeln gelten auch für Zusammensetzungen von *some* und *any*:

somebody	**jemand**	*anybody*	**irgendjemand, niemand**
somewhere	**irgendwo**	*anywhere*	**irgendwo**
something	**etwas**	*anything*	**irgendetwas, nichts**

Any kann auch „jeder"/„jedes beliebige" heißen.

7.2 Weitere indefinite Pronomen:

Every bezieht sich auf jede Person oder jedes Ding innerhalb einer bestimmten Anzahl im allgemeinen Sinn, in der Bedeutung „jede/r/s/ ohne Ausnahme";
all bedeutet „alles"/"alle"; *all the* bezieht sich nur auf eine bestimmte Anzahl;
many bedeutet „viel", kann aber nur bei zählbaren Begriffen verwendet werden;
a few und *few* „einige", „wenige" stehen nur bei zählbaren Begriffen;
both bedeutet „beide" (ohne Unterschied);
neither bedeutet „keine/r/s von beiden";
each „jeder" bezieht sich auf jede einzelne Person oder jedes einzelne Ding innerhalb einer bestimmten Gruppe.

Each of the members of the group wants to make a new rule.	**Jedes Mitglied der Gruppe will eine neue Regel aufstellen.**

A lot of bedeutet „viel" und kann sowohl bei zählbaren als auch bei unzählbaren Begriffen verwendet werden.

A lot of information is still missing.	**Es fehlen noch viele Informationen.**
I've been having a lot of problems lately.	**In letzter Zeit habe ich viele Probleme gehabt.**

Much bedeutet „viel" und kann nur bei unzählbaren Begriffen verwendet werden.
A little „ein wenig" und *little* „wenig" können nur bei unzählbaren Begriffen verwendet werden.

There was only a little paint left.	**Es war nur ein wenig Farbe übrig.**

Either bedeutet „beide" und impliziert eine Auswahl.
No bedeutet „kein".

ÜBUNGEN: DAS PRONOMEN

1. ERGÄNZEN SIE MIT EINEM PERSONAL- ODER POSSESSIVPRONOMEN!

a. Give ________ your e-mail address and I'll send you the information.

b. _______ sister and I bought _______ parents a DVD player for Christmas.

c. Let's go round to Emma and John's and bring ________ back _______ CDs.

d. Anthony is a really nice guy. I've known ________ for years.

e. The dog ate ________ food hungrily.

f. This is Lena and this is ________ husband Colin.

g. We would like to thank everyone who has helped ________ in the last few weeks.

h. Toby spilt ________ wine all over the tablecloth.

2. KORRIGIEREN SIE DIE SÄTZE – WO NÖTIG!

a. Lucy is a good friend of me.

____

b. Let's meet us outside the theatre.

____

c. I don't want any help. I want to do it self.

____

d. Please help yourself to more wine.

____

e. Jim and I are colleagues. We've worked with ourselves for a long time.

____

f. After a hard day at work I like to relax myself in a hot bath.

____

g. We sat up all night telling each other ghost stories.

____

3. WELCHE SATZHÄLFTEN GEHÖREN ZUSAMMEN? VERBINDEN SIE SIE MIT EINEM PRONOMEN!

a. My mother is the person ________

b. That's the shop ________

c. She's the writer ________

d. A hoover is a machine ________

e. It was the worst thing ________

f. He's the architect ________

g. A nurse is someone ________

h. Cornwall is the place ________

1. takes care of sick people.
2. could have happened to us.
3. I'd like to live when I retire.
4. I most admire.
5. latest book caused such a scandal.
6. I bought my wedding dress.
7. you can use to clean carpets.
8. design won first prize.

4. MACHEN SIE AUS ZWEI SÄTZEN EINEN. VERWENDEN SIE EIN RELATIVPRONOMEN!

a. My son is a postman. He works in London.

____

b. Florence is a very interesting city. It has a lot of old buildings.

____

c. Jamie has just directed his first film. His father is a very famous actor.

____

d. I was very pleased to get your postcard. It arrived yesterday.

____

e. My husband loves diving. He is on a cruise in Egypt.

____

f. We went to the Caribbean. The weather is always good there.

____

g. Jenny has now got 2 children. I last saw Jenny three years ago.

____

5. SETZEN SIE EIN PASSENDES INTERROGATIVPRONOMEN EIN!

a. _____ are you from?
b. _____ does a beer cost in London?
c. _____ did you invite to the party?
d. _____ does the train leave?
e. _____ are you crying?
f. _____ would your girlfriend say if she knew?
g. _____ do you prefer: red or white wine?

6. WÄHLEN SIE DIE RICHTIGE ALTERNATIVE!

a. "Was there a lot of snow?" "No, not **much/many**."
b. Ian and Liam don't like modern technology. **Neither/Both** of them **has/don't have** a mobile phone.
c. "Does she have much money?" "No, only **a little/a few**."
d. Please hand out these papers to the class, one **every/each**.
e. "How many people turned up?" "Not **much/many**."
f. "Tea or coffee?" "**Both/Either**. It doesn't matter."
g. "How many copies were sold?" "**Nothing/None**."
h. That is not a good hourly wage. It's too **less/little**.
i. We have **lots of/much** time, so let's have a look in the museum.

7. SETZEN SIE DIE RICHTIGE FORM VON *SOME* ODER *ANY* EIN!

a. Would you like __________ to drink?
b. I haven't got __________ to wear to the party.
c. Are there __________ good films on this weekend?
d. "Have you seen Mr Steven O'Connor?" "Yes, he's _______ in the building."
e. There's __________ outside waiting to speak to you.
f. I've been looking for my keys but I can't find them __________
g. Do we have ____ flour? I need ______ to make a cake.
h. __________ tells me the boss isn't going to like this idea!

DIE KONJUNKTIONEN

Konjunktionen verknüpfen Hauptsätze (1) oder Nebensätze mit Hauptsätzen (2):

(1) *Dad repaired the fence and Peter cut the grass.*	**Vater reparierte den Zaun, und Peter schnitt das Gras.**
(2) *The boy ran away after he broke the window.*	**Der Junge lief weg, nachdem er das Fenster zerbrochen hatte.**

1. Die Konjunktionen der Zeit

as	**als**	*by the time*	**bis**
when	**als, wenn**	*until/till*	**bis**
while	**während**	*after*	**nachdem**
as soon as	**sobald**	*before*	**bevor**

Das deutsche „während" hat zwei Entsprechungen: *during* als Präposition (1) und *while* als Konjunktion (2):

(1) *During our trip to Rome ...*	**Während unserer Reise nach Rom ...**
(2) *While we were on our trip to Rome ...*	**Während wir auf unserer Fahrt nach Rom waren ...**

Das deutsche „wenn" hat im Englischen zwei Entsprechungen: *If* und *when*. *If* wird nur in Bedingungssätzen gebraucht (3) und *when* für eine zeitliche Abfolge (4):

(3) *If you get here in time, we can have a drink before we go.*	**Wenn/falls du rechtzeitig kommst, können wir noch etwas trinken, bevor wir gehen.**
(4) *When we get there I'll call her.*	**Wenn wir dorthin kommen, rufe ich sie (erstmal) an.**

In Nebensätzen der Zeit steht das Präsens, wenn im Hauptsatz bereits die Zukunft ausgedrückt ist (5):

(5) *I'll do it as soon as I get there.*	**Ich mache es, sobald ich dort bin.**

2. Die Konjunktionen des Grundes

since - **da**	*as* - **da**	*because* - **weil** etc.

Because of ist eine Präposition (1) und *because* eine Konjunktion (2):

(1) ***He didn't go out because of the rain.***	**Er ging wegen des Regens nicht hinaus.**
(2) ***He didn't want to go outside because it was raining.***	**Er wollte nicht rausgehen, weil es regnete.**

Since kann sowohl den Grund angeben (3) als auch eine Zeit (4):

(3) ***Since we were very early ...***	**Da wir sehr früh dran waren ...**
(4) ***We have terrible weather since we arrived.***	**Wir haben schreckliches Wetter, seit wir angekommen sind.**

3. Die Konjunktionen des Gegensatzes

even if - **selbst wenn**	*although/though* - **obwohl**	*while/whereas* - **während** etc.

Although/though sind Konjunktionen (1), *despite/in spite of* sind Präpositionen (2):

(1) ***He bought the game although/though it was expensive.***	**Er kaufte das Spiel, obwohl es teuer war.**
(2) ***He bought the game in spite of/despite the price.***	**Er kaufte das Spiel trotz des Preises.**

4. Die Konjunktionen der Bedingung

if - **wenn**, *unless* - **wenn nicht**, *provided* - **vorausgesetzt**, *in case* - **falls** etc.

5. Die Konjunktionen des Vergleichs

as - **wie**, *than* - **als** etc.

ÜBUNGEN: DIE KONJUNKTIONEN

1. ERGÄNZEN SIE MIT *BY, UNTIL* ODER *BY THE TIME!*

a. The report must be finished ______ Monday at the latest.

b. I've got a few days off. I don't have to work again ________ Monday.

c. You're not leaving here ________ you tell me where you were last night.

d. ________ we realised who it was, it was too late to get an autograph.

e. Where has Simon got to? He promised to be home ______ 8 o'clock!

f. The play had already started ________ I got to the theatre.

g. I'm going to work ________ 1p.m. and then have a break.

h. All applications should be received ________ 30th June.

i. Let's wait ________ it stops raining before we go home.

j. ________ the age of 16, most children have watched more than 100,000 advertisements on TV.

2. WÄHLEN SIE DIE RICHTIGE VARIANTE!

a. I have to wear glasses **during/while** I'm working at the computer.

b. **When/As** I got her message I knew what action to take.

c. Everyone started to clap **as/while** she came into the room.

d. I always cry **as/whenever** I watch that film.

e. Being tired, she went to bed **as/as soon as** she got home.

f. You should read the instructions **after/before** you try to assemble the machine.

g. I'm paying money into a pension scheme for **if/when** I'm old.

h. The boss needs the final figures **until/by** tomorrow.

i. She's worked here **for/since** twenty-five years.

3. WELCHE SATZHÄLFTEN GEHÖREN ZUSAMMEN?

a. He threatened to take me to court

b. Take your mobile with you

c. They carried on talking

d. Just give me a call

e. My father is furious

f. She asks after my parents

g. The others loved the idea

h. Make a copy of your passport

i. They didn't eat anything

j. I haven't left my desk

1. despite being hungry.
2. because I crashed his car.
3. since 8 o'clock this morning.
4. whereas I thought it was a waste of time.
5. unless I paid him the money.
6. in case you need to call for a taxi.
7. although I asked them to stop.
8. whenever she sees me.
9. if you need any help.
10. in case you lose it.

4. MACHEN SIE AUS ZWEI SÄTZEN EINEN. VERWENDEN SIE DIE VORGEGEBENEN WÖRTER!

a. I couldn't sleep. I was tired. (although)

____

b. They have very little money. They are happy. (despite)

____

c. The heating was on. The room wasn't warm. (though)

____

d. There was a lot of noise. I woke up early. (because)

____

e. I enjoyed the film. The story was silly. (in spite of)

____

f. I got very wet in the rain. I had an umbrella. (even though)

____

g. She accepted the job. The salary was high. (because of)

____

5. KORRIGIEREN SIE DIE KONJUNKTION!

a. She went to the party **although** having a headache.

____

b. I'll leave **unless** you don't want me to stay. ___________________________

c. **Despite** I don't like peas, I had to eat them to be polite.

____

d. He passed the exam **because** he didn't do any work.

____

e. Go to the lost property office **in case** you lose your bag.

____

f. I couldn't concentrate **although** the screaming children.

____

g. You must attend the course **if** you have a good reason not to.

____

6. WAS BEDEUTET *AS* IN FOLGENDEN SÄTZEN? I. ALS, II. DA ODER III. WIE?

a. As the day went on, it became hotter and hotter.

____

b. I think they were as surprised as I was.

____

c. I like chatting online as you get to meet a lot of new people.

____

d. As I don't like spicy food I never go to Indian restaurants.

____

e. We watched as the plane took off.

____

f. I wish you children would do as you are told.

____

g. They noticed a man behaving suspiciously as they left the house.

____

h. The match was postponed as so many players were ill.

____

DIE PRÄPOSITIONEN

Präpositionen (Verhältniswörter) stehen vor Substantiven und bezeichnen örtliche, zeitliche und abstrakte Verhältnisse.

1. Präpositionen, die einen Ort bezeichnen

above	über, oberhalb	*around*	um
at	an, bei, in	*over*	über
in	in	*behind*	hinter
below	unter (abstrakter als *under*)	*under, underneath*	unter
on	auf	*in front of*	vor
opposite	gegenüber von	*among*	unter (einer von Personen oder Dingen)
beneath	unter	*beyond*	jenseits
between	zwischen (zwei Dingen oder Personen)	*beside*	neben
		outside	draußen, vor
		inside	im, in
near	in der Nähe von	*throughout*	überall in

2. Präpositionen, die eine Richtung angeben

across	quer über, quer durch	*along*	entlang
into	in ... hinein	*out of*	aus ... heraus
up	auf, hinauf	*down*	hinunter
towards	in Richtung (auf)	*to*	zu, in
through	durch, hindurch	*by*	an, nahe bei
over	über, hinüber		
from	von, aus	*beyond*	jenseits, über ... hinaus
past	an ... vorbei		
round	um ... herum		

3. Präpositionen, die einen Zeitpunkt oder eine Zeitspanne angeben

in: für einen gewissen Zeitablauf	
I'll be there in ten minutes.	**Ich werde in zehn Minuten da sein.**
at: für einen bestimmten (auch längeren) Zeitpunkt	
He's arriving at eleven o'clock.	**Er kommt um elf Uhr an.**
on: für bestimmte Tage und Daten	
I'll see you on Monday.	**Ich sehe dich am Montag.**

after	nach	*past*	nach (bei der Uhrzeit)
by	bis spätestens		
until/till	bis	*since*	seit (mit Zeitpunkt)
for	seit (mit Zeitraum), für	*from ... to*	von ... bis
during	während	*within*	innerhalb von
between	zwischen	*ago*	(heute) vor
before	vor		

4. Andere wichtige Präpositionen

against	gegen	*about*	über, ungefähr
among	unter, zusammen	*due to*	wegen, aufgrund
because of	wegen	*from*	von
by	von (Urheber)	*unlike*	im Gegensatz zu
of	von (Besitz)	*without*	ohne
like	wie	*instead of*	anstatt
with	mit	*but*	aber
in spite of/ despite	trotz	*unlike*	unähnlich
except	außer		
for	für		

ÜBUNGEN: DIE PRÄPOSITIONEN

1. FINDEN SIE DAS GEGEN-TEIL!

a. Her flat is **above** the bakery.
The bakery is ________ her flat.

b. The car park is **behind** the hotel.
The hotel is ________ the car park.

c. We walked **away from** the beach.
We walked ________ the hotel.

d. The picture is hanging **below** the light.
The light is hanging ________ the picture.

e. I got **into** the taxi at the airport.
I got ________ the taxi at my house.

2. WELCHE PRÄPOSITION IST WAHRSCHEINLICHER?

a. Andrew is sitting **on/at** his desk, working hard.

b. Spending the evening **among/under** friends is very relaxing.

c. Lydia wants to sit **next to/near** her boyfriend at dinner.

d. We'll have to move these tables. There isn't enough room **over/between** them.

e. You go **up/down** these stairs to get to the cellar.

f. "Where's the bank?" "It's over there, **across/opposite** the street."

g. Let's go **in/to** the pub this evening.

h. We got **onto/into** our car and drove **through/off**.

i. I quite enjoy travelling **with/by** train.

3. FINDEN SIE DIE FEHLER UND KORRIGIEREN SIE SIE!

a. The school is in opposite of the church.
____

b. There is a gift shop besides the castle.
____

c. They live in a small village in the near of York.
____

d. This is a photo from my house.
____

e. I grew up in London and moved here for six years.
____

f. I've lived here since six years.
____

g. We drove to Italy with the car.
____

h. It's a problem, but there's nothing we can do against it.
____

i. The car broke down so they had to complete the journey by feet.
____

j. I need the e-mail address from Jim.
____

4. ERGÄNZEN SIE DIE SÄTZE MIT *IN*, *AT* ODER *ON*!

a. I seldom watch TV ____________ the evening.

b. The big debate is ________ Monday evening.

c. Most school children are ________ holiday ________ August.
d. The film begins ________ half past seven.
e. Are you doing anything particular ________ the weekend?
f. Helena always has a big party _____ her birthday.
g. It's traditional to eat chocolate eggs ________ Easter.
h. The report will be published _______ 1st September.
i. It's unusual to have such mild weather ________ winter.
j. We got married ________ 2000.
k. I saw Emma ________ the party last Saturday.
l. He woke up suddenly ________ the middle of the night.

5. FORMEN SIE SÄTZE!

a. the – me – morning – she – at – woke – in – six – up
b. the – stairs – top – at – in – it – the – cupboard – is – the – of
c. front – on – we – evening – the – met – Sunday – in – station – of
d. right – Street – traffic – at – into – lights – Kings – the – turn
e. April – the – in – next – the – of – middle – is – meeting
f. the – towards – walked – river – the – through – forest – we

6. SETZEN SIE DIE RICHTIGE PRÄPOSITION EIN!

(about, against, between, due to, instead of, since, through, unlike, within, without)

a. Please return this form ________ the next two weeks.
b. The train passes ________ Zurich on the way to Geneva.
c. Don't lean ________ that wall – your coat will get dirty.
d. It's hard to travel in America _______ a credit card.
e. The police are looking for a man aged ________ 35 and 40.
f. I don't remember the exact price, but it was ________ £25.
g. Why don't you call the helpline ________ trying to fix it yourself?
h. ________ most children, my daughter doesn't like chocolate.
i. All flights have been cancelled ________ fog.
j. Where have you been? We've been waiting here _____ 9 o'clock!

7. WELCHE PRÄPOSITION PASST ZU ALLEN DREI AUSDRÜCKEN?

(at, before, by, in, of, on, to, with)

a. the beginning, Christmas, night
b. talk, married, listen
c. time, Wednesday, one's own
d. long, breakfast, it's too late
e. sorry, responsible, famous
f. angry, pleased, disappointed
g. car, train, plane
h. proud, independent, typical
j. a hurry, December, the past

DIE ZAHLEN UND DIE UHRZEIT

1. Das Zahlwort

Es lassen sich zwei Arten von Zahlen unterscheiden: die Grundzahlen und die Ordnungszahlen:

1.1 Die Grundzahlen

0 *nought*		
1 *one*	11 *eleven*	21 *twenty-one*
2 *two*	12 *twelve*	22 *twenty-two*
3 *three*	13 *thirteen*	30 *thirty*
4 *four*	14 *fourteen*	40 *forty*
5 *five*	15 *fifteen*	50 *fifty*
6 *six*	16 *sixteen*	60 *sixty*
7 *seven*	17 *seventeen*	70 *seventy*
8 *eight*	18 *eighteen*	80 *eighty*
9 *nine*	19 *nineteen*	90 *ninety*
10 *ten*	20 *twenty*	100 *one hundred*
1,000 *one thousand*		101 *one hundred and one*
1,001 *one thousand and one*	200 *two hundred*	
1,000,000 *one million*		

INFOKASTEN

Tipp: In Großbritannien sagt man zu der Zahl 1,000,000,000 meistens *one thousand million*. In den USA dagegen verwendet man nur den Begriff *one billion*.
Achtung: Die deutsche Billion ist weder *one thousand million* noch *one billion*. Stattdessen heißt eine Billion im Englischen *one trillion*.

Die zusammengesetzten Zahlen werden nach folgenden Regeln gebildet:

Nach Hunderter- und Tausenderzahlen werden Einer- und Zehnerzahlen mit *and* angeschlossen (1):

(1) *one hundred and eleven*	**111**
(1) *two thousand and ten*	**2010**

Zehner- und Einerstellen werden durch einen Bindestrich verbunden (2):

(2) *thirty-five*	**35**
(2) *twenty-two*	**22**

Vor *hundred* und *thousand* steht immer *a* oder *one*, wenn sie als Zahlwort gebraucht werden (3):

(3) *a hundred people*	**hundert Leute**
(3) *a thousand things*	**tausend Dinge**

Hundred, thousand und *million* können wie Substantive verwendet werden. Sie haben dann ein *-s* (4):

(4) *thousands/hundreds of people*	**Tausende/Hunderte von Leuten**

1.2 Die Ordnungszahlen

Die Ordnungszahlen werden durch Anhängen von *-th* an die Grundzahlen gebildet (1). Werden die Zahlen nicht ausgeschrieben, so wird auch hinter die Ziffern *-th* gesetzt (2):

Grundzahl	Ordnungszahl		
seventeen	(1) *the seventeenth*	(2) *17th*	**der, die, das Siebzehnte**
ten	(1) *the tenth*	(2) *10th*	**der, die, das Zehnte**

Bei der Bildung der Ordnungszahlen sind folgende Unregelmäßigkeiten zu beachten:

Grundzahl	Ordnungszahl		
one	*the first*	*1st*	**der Erste**
two	*the second*	*2nd*	**der Zweite**
three	*the third*	*3rd*	**der Dritte**
five	*the fifth*	*5th*	**der Fünfte**

eight	*the eighth*	*8th*	der Achte
nine	*the ninth*	*9th*	der Neunte
twelve	*the twelfth*	*12th*	der Zwölfte

INFOKASTEN

Grundzahl	Ordnungszahl		
twenty	*the twentieth*	*20th*	der Zwanzigste
twenty-one	*the twenty-first*	*21st*	der Einundzwanzigste
thirty	*the thirtieth*	*30th*	der Dreißigste
thirty-two	*the thirty-second*	*32nd*	der Zweiunddreißigste
fifty-three	*the fifty-third*	*53rd*	der Dreiundfünfzigste

2. Die Uhrzeit

Im Englischen gibt es kein 24-Stunden-System bei der Uhrzeit. 15.00 Uhr ist also *3 o'clock*. Um Verwechslungen zu vermeiden, werden die Uhrzeiten von 0.00 bis 12.00 mit *a.m.* (vor Mittag) und die Uhrzeiten von 12.00 bis 24.00 mit *p.m.* (nach Mittag) versehen. Man kann auch sagen *4 o'clock in the morning/afternoon.* Das Wort *minutes* kann weggelassen werden, wenn es sich um 5 Minuten oder mehr handelt. Nach der Zeit fragt man mit *When...?* oder *What time...?* Es gibt keinen Unterschied zwischen *What time is it?* und *What's the time?*

Beispiele:

6.00 *six o'clock*	sechs Uhr
6.03 *three minutes past six o'clock*	drei Minuten nach sechs
6.10 *ter six*	zehn Minuten nach sechs
6.15 *a quarter past six*	viertel nach sechs
6.30 *half past six*	halb sieben
6.33 *twenty-seven minutes to seven*	siebenundzwanzig Minuten vor sieben
6.35 *25 (minutes) to seven*	fünf nach halb sieben
6.45 *a quarter to seven*	viertel vor sieben

INFOKASTEN

Was bedeutet der folgende Satz auf Deutsch?:

I'll be there at half nine.

Meint der Sprecher, dass er um halb neun da sein wird? Nein! Im Englischen sagt man zu 9.30 Uhr *half past nine.* Die kürzere Version davon ist *half nine.* Das heißt, wenn Sie jemanden um *half nine* treffen möchten, passen Sie auf, dass Sie nicht eine Stunde zu früh ankommen!

Zur Wiederholung:

Die Zählung bis zur 24. Stunde ist in deutschsprachigen Ländern üblich, in Großbritannien oder in den USA eher selten. Stattdessen fügt man hier den Zusatz *a.m.* an Uhrzeitangaben bis 12.00 Uhr mittags an. Der Zusatz *p.m.* erfolgt bei Uhrzeitangaben von 12.00 Uhr mittags bis 12.00 Uhr nachts. Die Abkürzung *a.m.* ist eine Abkürzung für das lateinsche *ante meridiem* („vor Mittag") und *p.m.* ist eine Abkürzung für *post meridiem* („nach Mittag").

1.00 p.m.	13.00 Uhr
6.00 p.m.	18.00 Uhr
10.00 a.m.	10.00 Uhr
12.00 a.m./midnight	0.00 Uhr/24.00 Uhr

Andere Ausdrücke, die mit Zeit zu tun haben:

on the dot	auf die Minute pünktlich
ahead of time	früh
in the nick of time	gerade rechtzeitig
at last	endlich
right now	momentan

ÜBUNGEN: DIE ZAHLEN UND DIE UHRZEIT

1. SCHREIBEN SIE DIE ZAHLEN AUS!

a. 15 ______________________________
b. 46 ______________________________
c. 202 ______________________________
d. 1000 ______________________________
e. 8,962 ______________________________
f. 35,855 ______________________________
g. 700,000 ______________________________
h. 18th ______________________________
i. 62nd ______________________________
j. 101st ______________________________
k. 5.4 ______________________________
l. 1/4 ______________________________

2. WAS BESCHREIBEN DIE ZAHLEN?

a. 889 3207
b. 22°C
c. £24.99
d. 2-0
e. 1/6
f. 2.5
g. 36%
h. 12th May 1976
i. 6 x 7 = 42
j. 36 cm

1. a football score
2. a date
3. a sum
4. a decimal
5. a phone number
6. a price
7. a temperature
8. a measurement
9. a fraction
10. a percentage

3. VERBESSERN SIE!

a. We invited hundred people to our wedding.
____

b. Robin has to drive seventeen kilometre to work.
____

c. The CEO gave a 10-minutes talk at the beginning of the meeting.
____

d. I enjoy living in the twenty-onest century.
____

e. There were 25.000 people at the match.
____

f. My brother will be celebrating his thirtyth birthday in June.
____

g. "What's your phone number?" "It's ninety-eight, thirty, fifty-six."
____

4. SETZEN SIE ZAHLEN EIN!

(one (3x), two (3x), three, four, six, seven (2x), nine, ten, twenty-four)

a. I think he's the greatest singer ever! I'm his number _______ fan!
b. I've been working _______-_______ on this project: almost non-stop.
c. She's having private, ______-to-_____ Spanish lessons.

d. Harriet and her sister are very similar – they're ________ of a kind!

e. Mandy's boyfriend is cheating on her. He's ________-timing her with her best friend.

f. I thought it was better to leave Margaret and Greg on their own. You know what they say – ________'s company, ________'s a crowd!

g. You are both equally to blame. It's _______ of one and half a dozen of the other.

h. I'm so happy that I got the job. I'm in ________th heaven!

i. He's really foul-mouthed: he's always using ________-letter words.

j. Whenever my computer crashes, ________ times out of ________ it's because of something I myself have done wrong.

5. WIE VIEL UHR IST ES?

a. 6.30 ____________________________

b. 9.45 ____________________________

c. 12.01 ___________________________

d. 11.10 ___________________________

e. 1.50 ____________________________

f. 7 a.m. ___________________________

g. 3.10 p.m. _________________________

h. 18.35 ___________________________

i. 23.15 ___________________________

j. noon ____________________________

6. SCHREIBEN SIE FRAGEN UND ANTWORTEN!

a. train to Liverpool/leave? 16.00

____

b. his flight/due? 18.20

____

c. bus from Paris/arrive? 9.05

____

d. start work/yesterday? 8.45

____

e. get up/weekend? 9.00-10.30

____

f. taxi/pick you up/tomorrow? 5.00

____

g. we/meet? 19.30

____

h. get here/last night? 12.00

____

7. WAS BEDEUTEN FOLGENDE SÄTZE?

a. I was burning the midnight oil last night.

1. There was a fire in my bedroom.
2. I worked until very late at night.

b. He's got a 5 o'clock shadow.

1. He hasn't shaved for several hours.
2. Someone always follows him after work.

c. She works nine to five.

1. She has a routine job: 8 hours a day, starting at 9 a.m.
2. She works between nine and five hours a day.

d. A solution was found at the eleventh hour.

1. A solution was found at 11 o'clock.
2. A solution was found just in time, when it was almost too late.

DIE WORTSTELLUNG IM SATZ

Im Gegensatz zum Deutschen ist die Wortstellung im englischen Satz ganz eindeutig festgelegt.
Im Englischen stehen die einzelnen Satzglieder normalerweise immer in der Reihenfolge Subjekt – Verb – Objekt:

Subjekt	Verb	Objekt	
David	*wants*	*some ice-cream.*	**David will etwas Eis.**

INFOKASTEN

Anders als im Deutschen steht auch im Englischen in Nebensätzen normalerweise die Wortstellung Subjekt – Verb – Objekt:

Hauptsatz		Nebensatz			
Subjekt	Verb		Subjekt	Verb	Objekt
I	*know*	*that*	*he*	*likes*	*tea.*
Ich	**weiß,**	**dass**	**er**	**Tee**	**mag.**

1. Die Stellung der Objekte

Man unterscheidet das Objekt im 3. Fall und das Objekt im 4. Fall. Im Englischen werden diese Fälle nicht durch die Endungen, sondern durch die Präposition *to* und die Stellung gekennzeichnet. Normalerweise bezieht sich das Objekt im 3. Fall auf eine Person und steht vor dem Objekt im 4. Fall. Es ist dabei gleichgültig, ob das Objekt ein Pronomen (1) oder ein Substantiv ist (2):

	indirektes Objekt 3. Fall	direktes Objekt 4. Fall	
(1) *She gave*	*me*	*the contract.*	**Sie gab mir den Vertrag.**
(2) *She gave*	*her boss*	*the contract.*	**Sie gab ihrem Chef den Vertrag.**

Ist das Objekt im 4. Fall kürzer als das Objekt im 3. Fall (3), oder soll es besonders betont werden (4), so steht das Objekt im 3. Fall mit einer Präposition nach dem Objekt im 4. Fall:

	direktes Objekt 4. Fall	indirektes Objekt 3. Fall	
(3) *She gave*	*it*	*to her boss.*	**Sie gab ihn ihrem Chef.**
(4) *She gave*	*the contract*	*to her boss.*	**Sie gab den Vertrag ihrem Chef.**

Wenn beide Objekte Pronomen sind, so steht das Objekt im 4. Fall vor dem Objekt im 3. Fall, das mit *to* angeschlossen wird (5):

(5) *She gave it to me.*	**Sie gab es mir.**

Bei bestimmten Verben muss das Objekt im 3. Fall immer mit *to* angeschlossen werden (6):

(6) *Can you explain this to me?*		**Können Sie mir das erklären?**	
to dictate to	**diktieren**	*to explain to*	**erklären**
to introduce to	**vorstellen**	*to mention to*	**erwähnen**
to point out to	**hervorheben**	*to suggest to*	**vorschlagen**
to prove to	**beweisen**	*to deliver to*	**liefern**

2. Der verneinte Satz

Im Englischen hängt die Art und Weise, wie ein Satz verneint wird, davon ab, ob er ein Hilfsverb enthält oder nicht.
Enthält der Satz ein modales Hilfsverb (1) oder *to be* im Present Tense (2) oder Simple Past (3), so wird die Verneinung mit Hilfsverb + *not* gebildet:

He can read.	**Er kann lesen.**
(1) *He cannot read.*	**Er kann nicht lesen.**
She is in London.	**Sie ist in London.**
(2) *She isn't in London.*	**Sie ist nicht in London.**
He was very happy.	**Er war sehr glücklich.**
(3) *He wasn't very happy.*	**Er war nicht sehr glücklich.**

Folgt dem modalen Hilfsverb ein weiteres Hilfsverb, so steht *not* hinter dem modalen Hilfsverb (4):

(4)	*I wouldn't have done that.*	**Ich hätte das nicht getan.**

Enthält der Satz ein Vollverb im Present Tense oder im Simple Past, so wird die Verneinung im Present Tense mit *don't/doesn't* (5) und im Simple Past mit *didn't* gebildet (6):

	I like fish.	**Ich mag Fisch.**
(5)	*I don't like fish.*	**Ich mag keinen Fisch.**
	Susan went to the party.	**Susan ging zu der Party.**
(6)	*Susan didn't go to the party.*	**Susan ging nicht zu der Party.**

3. Der Fragesatz

Für den Fragesatz gilt wie für die Verneinung die Unterscheidung, ob der Satz ein modales Hilfsverb oder ein Vollverb im Simple Past oder Simple Present enthält. Enthält der Satz ein modales Hilfsverb oder *to be* im Simple Present oder Simple Past, so treten diese in der Frage – außer in der Frage nach dem Subjekt des Satzes – vor das Subjekt des Satzes (1). Diese Stellung ändert sich auch dann nicht, wenn ein Fragepronomen am Satzanfang steht (2):

	You have seen him.	**Du hast ihn gesehen.**
(1)	*Have you seen him?*	**Hast du ihn gesehen?**
(2)	*When were you in London?*	**Wann warst du in London?**

Bei Vollverben wird – außer bei der Frage nach dem Subjekt – die Frage im Simple Present mit *do/does* (3), und im Simple Past mit *did* gebildet (4):

	He drives fast.	**Er fährt schnell.**
(3)	*Does he drive fast?*	**Fährt er schnell?**
	I bought some coffee yesterday.	**Ich habe gestern Kaffee gekauft.**
(4)	*Did you buy any coffee yesterday?*	**Hast du gestern Kaffee gekauft?**

Diese Wortstellung gilt nicht für Fragen, in denen mit *who* oder *what* nach dem Subjekt des Satzes gefragt wird.

In Fragen, in denen nach dem Subjekt des Aussagesatzes gefragt wird, bleibt die Wortstellung des Aussagesatzes erhalten (5):

(5) ***Who can swim?***	**Wer kann schwimmen?**
Peter can swim.	**Peter kann schwimmen.**

4. Die Fragezusätze

Erwartet man von einem Gesprächspartner Zustimmung zu dem, was man gerade gesagt hat, so hängt man im Deutschen „oder?" bzw. „nicht wahr?" an den Satz an. Im Englischen wird diese Funktion von den Fragezusätzen übernommen.
Die Fragezusätze werden mit dem ersten Hilfsverb und einem Pronomen, das sich auf das Subjekt des Satzes bezieht, gebildet (1). Ist kein Hilfsverb vorhanden, so wird eine entsprechende Form von *do* verwendet (2):

(1) ***Susan is at school, isn't she?***	**Susan ist in der Schule, oder?**
(2) ***She skateboards very well, doesn't she?***	**Sie fährt sehr gut Skateboard, oder?**

Beim bejahten Satz ist der Fragezusatz immer verneint (3):

(3) ***He can speak French, can't he?***	**Er kann Französisch, oder?**

Beim verneinten Satz ist der Fragezusatz immer bejaht (4):

(4) ***They didn't sell much, did they?***	**Sie haben nicht viel verkauft, oder?**

5. Die Kurzantworten

Auf Fragen, die als Antwort „ja" oder „nein" verlangen, erfolgt im Englischen eine sogenannte Kurzantwort.

Die Kurzantwort nimmt das Subjekt der Frage sinngemäß auf und wiederholt das Hilfsverb bzw. *to be* (1):

(1) ***Can you speak English?***	**Kannst du Englisch sprechen?**
Yes, I can.	**Ja (, kann ich).**

Wird die Frage bejaht, so ist die Kurzantwort auch bejaht (2):

(2) ***Can he speak English?***	**Kann er Englisch sprechen?**
Yes, he can.	**Ja (, kann er).**

Wird die Frage verneint, so ist auch die Kurzantwort verneint (3):

(3) ***Have you got our tickets?***	**Hast du die Karten?**
No, I haven't.	**Nein (, habe ich nicht).**

6. Die Inversion

Inversion (wörtliche Umstellung) bedeutet, dass sich die normale Wortstellung im Aussagesatz unter bestimmten Bedingungen ändert.
Auf negative und einschränkende Adverbien, die am Satzanfang stehen, folgt die Wortstellung des Fragesatzes (1):

(1) ***Never have I seen such an exciting match.***	**Noch nie habe ich so ein aufregendes Spiel gesehen.**

Zu diesen Adverbien gehören u. a.:

never – **nie** ***hardly*** – **kaum** ***not only*** – **nicht nur**

Überblick über die wichtigsten unregelmäßigen Verben

Infinitiv	Imperfekt	Partizip Perfekt	
be	***was/were***	***been***	**sein**

Infinitiv	Imperfekt	Partizip Perfekt	
become	*became*	*become*	werden
begin	*began*	*begun*	beginnen
bet	*bet*	*bet*	wetten
bite	*bit*	*bitten*	beißen
blow	*blew*	*blown*	blasen
break	*broke*	*broken*	brechen
bring	*brought*	*brought*	bringen
build	*built*	*built*	bauen
burst	*burst*	*burst*	platzen
buy	*bought*	*bought*	kaufen
catch	*caught*	*caught*	fangen
choose	*chose*	*chosen*	(aus)wählen
come	*came*	*come*	kommen
cost	*cost*	*cost*	kosten
cut	*cut*	*cut*	schneiden
deal	*dealt*	*dealt*	(ver)handeln
dig	*dug*	*dug*	graben
do	*did*	*done*	tun, machen
draw	*drew*	*drawn*	ziehen; zeichnen
dream	*dreamt*	*dreamt*	träumen
drink	*drank*	*drunk*	trinken
drive	*drove*	*driven*	fahren
eat	*ate*	*eaten*	essen
fall	*fell*	*fallen*	fallen
feed	*fed*	*fed*	füttern
feel	*felt*	*felt*	fühlen
fight	*fought*	*fought*	kämpfen
find	*found*	*found*	finden
fly	*flew*	*flown*	fliegen
forget	*forgot*	*forgotten*	vergessen
freeze	*froze*	*frozen*	frieren
get	*got*	*got*	bekommen, werden
give	*gave*	*given*	geben
go	*went*	*gone*	gehen
grow	*grew*	*grown*	wachsen
have	*had*	*had*	haben

Infinitiv	Imperfekt	Partizip Perfekt	
hang	*hung*	*hung*	hängen
hear	*heard*	*heard*	hören
hide	*hid*	*hidden*	verstecken
hit	*hit*	*hit*	treffen; schlagen
hold	*held*	*held*	halten
hurt	*hurt*	*hurt*	verletzen
keep	*kept*	*kept*	(be)halten
know	*knew*	*known*	wissen, kennen
lay	*laid*	*laid*	legen
lead	*led*	*led*	führen
learn	*learnt*	*learnt*	lernen
leave	*left*	*left*	abfahren, verlassen
lend	*lent*	*lent*	leihen
let	*let*	*let*	lassen
lie	*lay*	*lain*	liegen
light	*lit*	*lit*	anzünden, erleuchten
lose	*lost*	*lost*	verlieren
make	*made*	*made*	machen
mean	*meant*	*meant*	meinen, beabsichtigen
meet	*met*	*met*	treffen
pay	*paid*	*paid*	zahlen
put	*put*	*put*	setzen, stellen, legen
quit	*quit*	*quit*	verlassen
read	*read*	*read*	lesen
ride	*rode*	*ridden*	fahren; reiten
ring	*rang*	*rung*	klingeln; anrufen
rise	*rose*	*risen*	(auf)steigen
run	*ran*	*run*	laufen, rennen
say	*said*	*said*	sagen
see	*saw*	*seen*	sehen
sell	*sold*	*sold*	verkaufen
send	*sent*	*sent*	schicken
set	*set*	*set*	setzen; einstellen
sew	*sewed*	*sewn*	nähen
shake	*shook*	*shaken*	schütteln
shine	*shone*	*shone*	scheinen

Infinitiv	Imperfekt	Partizip Perfekt	
shoot	*shot*	*shot*	schießen
show	*showed*	*shown*	zeigen
shrink	*shrank*	*shrunk*	schrumpfen
shut	*shut*	*shut*	schließen
sing	*sang*	*sung*	singen
sink	*sank*	*sunk*	sinken
sit	*sat*	*sat*	sitzen
sleep	*slept*	*slept*	schlafen
slide	*slid*	*slid*	gleiten
speak	*spoke*	*spoken*	sprechen
spend	*spent*	*spent*	verbringen; ausgeben
spit	*spat*	*spat*	spucken
spread	*spread*	*spread*	(sich) verbreiten
stand	*stood*	*stood*	stehen
steal	*stole*	*stolen*	stehlen
stick	*stuck*	*stuck*	stecken
sting	*stung*	*stung*	stechen
strike	*struck*	*struck*	schlagen, treffen
swim	*swam*	*swum*	schwimmen
swing	*swung*	*swung*	schwingen
take	*took*	*taken*	nehmen
teach	*taught*	*taught*	lehren
tear	*tore*	*torn*	zerreißen
tell	*told*	*told*	erzählen
think	*thought*	*thought*	denken
throw	*threw*	*thrown*	werfen
wake up	*woke up*	*woken up*	aufwachen; aufwecken
wear	*wore*	*worn*	tragen
win	*won*	*won*	gewinnen

Besonderheiten der Schreibweise und der Aussprache

Besonderheiten der Schreibung bei der Bildung der Formen des Präsens, des Imperfekts, des Partizip Perfekts und des Partizips bzw. des Gerunds:

1. Bei der Bildung der 3. Person Einzahl im Präsens treten folgende Besonderheiten auf:

Endet das Verb auf die Verbindung Konsonant + *-y*, so wird *-y* zu *-ie* (1):

(1) *carry – she carries*	**tragen – sie trägt**
(1) *hurry – he hurries*	**sich beeilen – er beeilt sich**

Endet das Verb auf einen Zischlaut, so wird im Englischen *-es* angehängt und [-iz] gesprochen (2):

(2) *watch – she watches*	**sehen – sie sieht**
(2) *catch – he catches*	**fangen – er fängt**

HINWEISE ZUR AUSSPRACHE:
Nach stimmhaften Vokalen und Konsonanten wird *-s* stimmhaft ausgesprochen (3), nach stimmlosen Konsonanten stimmlos (4):

(3) *he sees [si:z]*	**er sieht**
(3) *she reads [ri:dz]*	**sie liest**
(4) *it works [wo:ks]*	**es funktioniert**

ACHTUNG:

he goes [go:z]	**er geht**
she does [dʌ:z]	**sie tut**
he says [se:z]	**er sagt**

2. Bei der Bildung der Formen des Imperfekts und des Partizip Perfekt treten bei den regelmäßigen Verben folgende Besonderheiten auf:

Endet das Verb auf ein stummes *-e*, so entfällt in diesem Fall das *-e* (1):

(1) *change – changed*	**ändern – änderte/geändert**

Endet das Verb auf die Verbindung Konsonant + *-y*, so wird *-y* zu *-ie* (2):

(2) ***carry – carried***	**tragen – trug/getragen**

ABER: Wenn vor dem *-y* ein Vokal steht, dann bleibt das *-y* erhalten (3):

(3) ***play – played***	**spielen – spielte/gespielt**

Endet das Verb auf einen Konsonanten, dann wird er verdoppelt, wenn davor ein einfacher, kurzer und betonter Vokal steht (4):

(4) ***stop – stopped***	**aufhören – hörte auf/aufgehört**

ABER:
Liegt die Betonung nicht auf dem Vokal, dann wird der nachfolgende Konsonant nicht verdoppelt (5):

(5) ***develop – developed***	**entwickeln – entwickelte/entwickelt**

Lautet der Infinitiv auf *-er, -ir* und *-ur*, und sind diese Silben betont, so wird das *-r* verdoppelt (6):

(6) ***prefer – preferred***	**vorziehen – zog vor/vorgezogen**

Lautet der Infinitiv auf *-el*, so wird im britischen Englisch das *-l* verdoppelt (7):

(7) ***travel – travelled***	**reisen – reiste/gereist**

HINWEISE ZUR AUSSPRACHE:
Nach stimmlosen Konsonanten wird *-ed* [t] (8), nach stimmhaften Lauten [d] (9) und nach *-t* und *-d* [id] (10) ausgesprochen:

(8) ***knocked [kt]***	**klopfte/geklopft**
(9) ***stayed [eid]***	**blieb/geblieben**
(9) ***showed [od]***	**zeigte/gezeigt**
(10) ***waited [tid]***	**wartete/gewartet**
(10) ***decided [did]***	**entschied/entschieden**

ÜBUNGEN: DIE WORTSTELLUNG IM SATZ

1. BERICHTIGEN SIE DIE FEHLER, DIE IN MANCHEN SÄTZEN VORKOMMEN!

a. We have dinner sometimes in a Chinese restaurant.

----

b. Could you explain me how to reboot my computer?

----

c. I offered it her, but she didn't it want.

----

d. The parcel service delivered a large box to us.

----

e. I'm afraid I don't have time, so can you it do?

----

f. We sent it to them but it never arrived.

----

g. I don't know where Luke is. He usually is on time.

----

h. He suggested us that we discuss the matter again next week.

----

i. Never have I heard such a pathetic excuse.

----

2. FORMEN SIE SINNVOLLE SÄTZE!

a. it – the – told – teacher – to – she – give – me – to

b. clients – the – I – figures – the – to – showed

c. him – phone – they – for – to – waited – them

d. when – the – was – award – Alice – she – thrilled – won

e. before – that – him – am – somewhere – I – seen – sure – I've

f. the – summer – we – to – sometimes – mountains – in – go

g. why – explain – late – me – are – to – please – you

h. she – that – me – what – to – isn't – said

3. WÄHLEN SIE DIE RICHTIGE VARIANTE!

a. Vera **explained/told** me how to use the digital camera.

b. Mr Wilkins **mentioned/said** your name to me.

c. She **introduced/pointed out** us to our new boss.

d. I sent a memo **everyone/to everyone** in the department.

e. Can you **say/fax** that report to head office immediately?

f. We suggested **him/to him** that we cancel the arrangements.

g. I can't **prove/say** to him that I wasn't involved.

h. Please give **us it/it to us** by midday.

4. VERNEINEN SIE!

a. The company made a profit last month.

----

b. You must sit near the fire exit.

____

c. They were very surprised by the news.

____

d. I agree with you.

____

e. This has been a very good year for us.

____

f. You will be told within the next three weeks.

____

g. Kim had to pay a heavy fine for parking in the wrong place.

____

h. I am able to attend the next meeting.

____

i. They realised that they had lost a vital document.

____

j. Brian should have got a pay rise.

____

k. I'd left Valerie a message to ring me.

____

l. He understands the difficulty of our position.

____

5. STELLEN SIE DIE RICHTIGEN FRAGEN!

a. __________________________________?
I got up at 7 o'clock this morning.

b. __________________________________?
Yes, I enjoy travelling.

c. __________________________________?
No, we shouldn't have turned right here.

d. __________________________________?
I can be there by half past ten.

e. __________________________________?
No, we didn't miss the train.

f. __________________________________?
No, she hasn't been able to book a table.

g. __________________________________?
No, we won't have to show identification.

h. __________________________________?
I was born in a small town near Liverpool.

6. WIE LAUTEN DIE KORREKTEN FRAGEN?

a. Who ________ (see) at the party? I saw Suzie and Mel.

b. Who ________ (phone) you just now? It was Olivia.

c. What ________ (happen) to you last night? I fell off my bike.

d. Which shoes ________ (buy)? The black ones.

e. Who usually ____ (sit) here? Joanne does, but she's not here now.

f. What ________ (mean) this word? I don't know. Look it up!

g. What ________ (cause) the problem? We were sent a computer virus.

h. Where ________ (find) it? It was at the bottom of the drawer.

i. What ________ (he/tell) you? He said everything would be all right.

REDEWENDUNGEN

Begrüßen, Vorstellen und Verabschieden

Guten Morgen/guten Tag/guten Abend.	Good morning/good afternoon/ good evening.
Hallo.	Hello/Hi.
Mein Name ist ...	My name is .../I'm ...
Ich glaube, wir kennen uns noch nicht.	I don't think we've met.
Ich bin ...	I'm ...
Darf ich Ihnen ... vorstellen?	May I introduce you to ...?
Ich möchte Sie mit ... bekannt machen.	I'd like to introduce you to ...
Kennen Sie ... schon?	Do you know ...?
Das ist ...	This is ...
Wie geht es dir/Ihnen?	How are you?
Schön, Sie kennen zu lernen.	Nice to meet you.
Es war sehr schön.	We've had a lovely time.
Vielen Dank für einen schönen Abend.	Thank you for a lovely evening.
Vielen Dank für alles.	Thanks very much for everything.
Leider muss ich jetzt gehen.	I'm afraid I really must be going now.
Ich sollte mich auf den Weg machen.	I'd better make a move now.
Ich muss morgen früh aufstehen.	I've got an early start tomorrow.
Auf Wiedersehen./Tschüss!	Goodbye./Bye!
Bis bald!	See you soon!
Pass auf dich auf!	Take care!
Schöne/liebe Grüße an deine/ Ihre Familie.	Give my regards/love to your family.

Telefonieren (privat)

Hallo, könnte ich bitte Laura sprechen?	Hello, could I speak to Laura, please?
Am Apparat.	Speaking.
Wer ist bitte am Apparat?	Who's calling, please?
Hallo, ist Sean da?	Hi, is Sean there, please?
Er ist gerade nicht zu Hause.	I'm afraid he's out at the moment.
Kannst du ihm etwas ausrichten?	Could you give him a message?
Kann ich ihm/ihr etwas ausrichten?	Can I take a message?
Kannst du ihn bitten, mich später zurückzurufen?	Could you ask him to give me a ring/call later?

Ich rufe heute Nachmittag zurück.	I'll call back this afternoon.
Kannst du ihn bitten, mich auf meinem Handy anzurufen?	Can you ask him to give me a ring on my mobile?

Telefonieren (geschäftlich)

Guten Morgen. Thorne & Sons.	Good morning.Thorne & Sons.
Kann ich Ihnen helfen?	Can I help you?
Hier spricht Thompson von P.O.D.	Thompson from P.O.D. speaking.
Bitte verbinden Sie mich mit Ms Collins.	Could you put me through to Ms Collins, please?
Ich verbinde.	Putting you through.
Ihre Leitung ist besetzt.	I'm afraid her line is engaged/busy.
Möchten Sie warten?	Will you hold?
Bitte bleiben Sie dran.	I'll have to put you on hold.
Bitte warten Sie.	Please hold the line.
Es nimmt keiner ab.	I'm afraid there's no answer.
Ich kann Sie mit ihrem Assistenten verbinden.	I can put you through to her assistant.
Sie hat gerade eine Besprechung.	I'm afraid she's in a meeting.
Sie hat Urlaub/ist auf Geschäftsreise diese Woche.	She's on holiday/a business trip this week.
Sie ist gerade sehr beschäftigt.	I'm afraid she's tied up at the moment.
Möchten Sie später zurückrufen?	Would you like to call back later?
Soll sie Sie zurückrufen?	Shall I ask her to call you back?
Könnte ich ihr etwas ausrichten lassen?	Could I leave a message, please?
Könnten Sie bitte etwas lauter sprechen?	Could you speak up, please?
Ich kann Sie kaum hören.	I can hardly hear you.
Mein Akku ist fast leer, und es kann sein, dass die Verbindung gleich abbricht.	My battery is almost dead, so I might lose you in a minute.
Ich lade mein Handy wieder auf und rufe zurück.	I'll recharge my mobile and ring you back.

Privatbriefe

Anrede und Einleitung

Liebe/r Clare/Leo	Dear Clare/Leo
Danke für deinen letzten Brief.	Thanks for your last letter.
Es war toll, von dir zu hören.	It was great to hear from you.

Tut mir leid, dass ich mich so lange nicht mehr gemeldet habe.	Sorry I haven't been in touch for so long.
Wie geht es dir?	How are things with you?
Wie läuft es denn so?	How's life been treating you?
Was hast du in den letzten Monaten so gemacht?	What have you been up to in the last few months?
Schlussformel	
Das wäre erst einmal alles von mir.	Anyway, that's all for now.
Schreib bald zurück und sag mir, was es Neues bei dir gibt.	Do write back soon and tell me all your news.
Ich hoffe, bald von dir zu hören.	Hope to hear from you soon.
Alles Gute,	All the best,
Schöne Grüße,	Best wishes,
Liebe Grüße/alles Liebe,	Love/Lots of love,

Einkaufen

Apotheke	
Gibt es eine Apotheke in der Nähe, die 24 Stunden geöffnet hat?	Is there a chemist's near here that is open 24 hours?
Ich möchte ein starkes Schmerzmittel.	I'd like a strong painkiller.
Ich habe Halsweh/einen trockenen Husten.	I've got a sore throat/dry cough.
Ich habe Sonnenbrand.	I'm sunburnt.
Ich habe Durchfall.	I've got diarrhoea.
Ich brauche etwas gegen Insektenstiche.	I need something for insect bites.
Ich brauche eine Packung Pflaster.	I need a packet of plasters.
Post	
Was kostet eine Luftpost-Briefmarke/ Postkarte nach ...?	How much is an airmail stamp/ postcard to ...?
Ich möchte ein Paket schicken.	I'd like to send a parcel.
Ich möchte diesen Brief per Einschreiben schicken.	I'd like to send this letter by registered post.
Bäcker	
Ein Weiß-/Vollkornbrot, bitte.	A loaf of white/wholemeal bread, please.
Drei Brötchen, bitte.	Three rolls, please.
Ich möchte zwei Doughnuts und ein Stück Plunder.	I'd like two doughnuts and a Danish pastry.
Ein Stück Käsekuchen, bitte.	A slice of cheesecake, please.

Kleidung

Wo ist das nächste Einkaufszentrum?	Where is the nearest shopping centre/mall?
Gibt es Fabrikverkaufsstellen hier in der Nähe?	Are there any factory outlets near here?
Ich brauche einen Anzug/eine Seidenkrawatte/ein Abendkleid/Unterwäsche.	I need a suit/silk tie/evening dress/ some underwear.
Auf welcher Etage befindet sich die Sportbekleidung?	Which floor is the sportswear department on?
Was ist Ihre Größe?	What size do you take?
Wo ist die Anprobe?	Where are the changing rooms?
Haben Sie dies auch in einer größeren/ kleineren Größe?	Do you have this in a bigger/ smaller size?
Haben Sie einen Änderungsdienst?	Do you have an alteration service?
Können Sie diese Hose bis heute Nachmittag für mich zurücklegen?	Can you put these trousers aside for me until this afternoon?
Sind diese Schuhe reduziert?	Are these shoes in the sale?

Buch-/Musikgeschäft

Ich suche ein gutes englisches Wörterbuch.	I'm looking for a good English dictionary.
Wo haben Sie Krimis/Reisebücher?	Where's your crime/travel section?
Wir haben es nicht vorrätig, aber wir können es für Sie bestellen.	We don't have that in stock, but we can order it for you.
Ich suche die neue CD von ...	I'm looking for the new ... CD.
Haben Sie Videos/DVDs?	Do you have any videos/DVDs?

Im Hotel

Ich habe unter dem Namen ... reserviert.	I have a reservation for ...
Haben Sie für heute Nacht noch etwas frei?	Do you have any vacancies for tonight?
Ich möchte ein Doppel-/Einzelzimmer.	I'd like a double/single room.
Ich möchte ein Nichtraucherzimmer.	I'd like a non-smoking room.
Ist das Frühstück im Preis inbegriffen?	Is breakfast included?
Ich möchte ein Zimmer mit Badewanne statt Dusche.	I'd like a room with a bath instead of a shower.
Hat das Hotel Internetzugang?	Does the hotel have internet access?
Ich möchte um 5.00 Uhr geweckt werden.	I'd like a wake-up call at 5 a.m.
Gibt es irgendwelche Nachrichten für mich?	Are there any messages for me?

Im Restaurant

Ich habe einen Tisch für vier Personen unter dem Namen ... reserviert.	I've reserved a table for four in the name of ...
Wir möchten einen Nichtrauchertisch.	We'd like a table in the non-smoking section.
Hier ist die Speisekarte.	Here is the menu.
Möchten Sie die Weinkarte sehen?	Would you like to see the wine list?
Haben Sie schon einen Getränkewunsch?	Can I get you something to drink?
Möchten Sie jetzt bestellen?	Are you ready to order?
Ich nehme einen gemischten grünen Salat als Vorspeise.	I'll have a mixed green salad as a starter.
Was ist Ihre Tagessuppe?	What's your soup of the day?
Unsere Tagesgerichte sind ...	Our specials today are ...
Ich nehme das Brathuhn mit Pommes und Erbsen.	I'd like the fried chicken with chips and peas.
Haben Sie vegetarische Spezialitäten?	Do you have any vegetarian specialities?
Ist es möglich, die Pizza ohne Pilze zu bekommen?	Is it possible to have this pizza without mushrooms?
Wir möchten eine Flasche roten Hauswein und eine Flasche stilles Mineralwasser.	We'd like a bottle of the house red and a bottle of still mineral water.
Entschuldigung Sie, wir warten seit fast einer halben Stunde auf unser Essen.	Excuse me, but we've been waiting for our meals for nearly half an hour.
Die Bedienung hier ist sehr gut/langsam.	The service here is very good/slow.
Möchten Sie die Dessertkarte sehen?	Would you like to see the dessert menu?
Ich nehme den frischen Obstsalat mit Sahne.	I'll have the fresh fruit salad with cream.
Wir nehmen nur einen Kaffee.	We'll just have a coffee, please.
Die Rechnung, bitte.	Could we have the bill, please?
Könnten wir bitte getrennt zahlen?	Could we have separate bills, please?
Sollen wir die Rechnung unter uns aufteilen?	Shall we split the bill?
Wie viel Trinkgeld sollen wir geben?	How much shall we tip the waiter?

Small Talk

Was machen Sie beruflich?	What do you do?

Ich bin … (Rechtsanwalt).	I'm a ... (lawyer).
Ich arbeite in der ... (Personal-) Abteilung.	I work in the ... (personnel) department.
Ich bin freiberuflicher ... (Journalist).	I'm a freelance ... (journalist).
Wie lang bleiben Sie in der Stadt?	How long are you staying in town?
Sind Sie zum ersten Mal in ...?	Is this your first visit to ...?
Genießen Sie Ihren Aufenthalt?	Are you enjoying your stay?
Konnten Sie sich schon die Stadt ein bisschen anschauen?	Have you had a chance to see anything of the city?
Ist das Wetter nicht herrlich/schrecklich?	The weather is fantastic/terrible, isn't it?
Ich habe nicht erwartet, dass es so heiß/kalt wird.	I didn't expect it to be so hot/cold.
Ich wünschte, ich hätte einen Regenschirm dabei!	I wish I'd brought an umbrella!
Wie geht es Ihrer Familie?	How's your family?
Ihre Kinder müssen inzwischen fast schon erwachsen sein!	Your children must be getting very big by now!
Mein jüngster Sohn fängt dieses Jahr mit der Schule an.	My youngest son starts school this year.
Meine Tochter geht jetzt zur Universität.	My daughter is at university now.
Mein Sohn wird im Juni heiraten.	My son is getting married in June.
Ich bin gerade Großvater geworden!	I've just become a grandfather!
Haben Sie schon Urlaubspläne für dieses Jahr?	Have you got any holiday plans for this year?
Wir überlegen uns, zwei Wochen nach … zu fahren.	We're thinking of going to … for two weeks.
Wir werden im Januar Ski fahren.	We're going skiing in January.
Ich bleibe dieses Jahr wahrscheinlich zu Hause.	I'll probably just stay at home this year.
Was machen Sie so in Ihrer Freizeit?	What do you like doing in your spare time?
Gehen Sie heutzutage noch viel tauchen?	Do you do much diving these days?
Ich fahre am Wochenende viel Rad.	I do a lot of cycling at the weekends.
Ich lerne im Moment in einem Abendkurs Französisch.	I'm doing an evening course in French at the moment.
Ich trainiere die Jugend-Fußballmannschaft.	I coach the local under-12s football team.

LÖSUNGEN

Der Artikel

1. a. The; b. the; c. –; d. a; e. a; f. a/the; g. –
2. a. I've ever read; b. I've ever received; c. anyone had ever said to me; d. that has ever been built; e. I've ever sat on; f. who's ever won the tournament; g. I've ever tasted; h. in the last 20 years
3. a. –; b. the milk; c. ~~the;~~ d. –; e. The English; f. –; g. ~~The~~ Money; h. the piano; i. the wine
4. a.1; b.1; c.2; d.2; e.2
5. a. day; b. job; c. lunch; d. sandwich; e. suitcase; f. advice; g. journey; h. fruit; i. mess; j. trouble
6. a.2; b.2; c.1; d.2; e.2.
7. a. the sun; b. the weather; c. the English Channel; d. the United States; e. to play the guitar; f. the media; g. the same; h. go to the cinema

Das Substantiv

1. a. cars; b. glasses; c. tomatoes; d. countries; e. shelves; f. teeth; g. children; h. mice; i. matches; j. diaries
2. a. furniture; b. traffic; c. damage; d. electricity; e. advice; f. evidence; g. scenery; h. luck; i. progress; j. beer; k. news; l. Work
3. a. scissors; b. rain; c. wine; d. advice; e. bread; f. cake; g. smoke; h. soap; i. toothpaste; j. lightning
4. a. trousers; b. glasses; c. scales; d. pyjamas; e. binoculars
5. a.1; b.2; c.1; d.2; e.1; f.2; g.2.
6. a. at the baker's; b. at the dentist's; c. at the chemist's; d. at the hairdresser's; e. at the optician's; f. at the florist's; g. at the jeweller's;
7. a. We waited impatiently for the start of the concert; b. That's Mike's book, not yours; c. Thousands of people listened to the Queen's speech; d. Please take a seat at the back of the room; e. The ship sank to the bottom of the ocean; f. Harry's brother lives in the heart of New York; g. Sandy's cousin is a good friend of mine.

Das Adjektiv

1. a. boring; b. fresh; c. fast; d. expensive; e. beautiful; f. useful; g. rich/poor; h. dangerous; i. slow; j. tired
2. a. sharper, the sharpest; b. busier, the busiest; c. less, the least; d. more tired, the most tired; e. more extravagant, the most extravagant; f. further, the furthest; g. more famous, most famous
3. a. longer; b. more difficult; c. worse; d. uglier; e. less
4. a. They have very old-fashioned furniture; b. His hair is as long as his sister's; c. It was the dirtiest hotel we had ever stayed in; d. Their friend Marion is extremely interesting; e. She is a lot more intelligent than me; f. The more you buy, the less money you will have; g. It was the best holiday I have ever had;
5. a. an Irishman; b. The handicapped; c. a wealthy person; d. Chinese e. The injured woman; f. He's Dutch; g. She is deaf; h. Frenchmen
6. a.4; b.8; c.10; d.7; e.3; f.5; g.9; h.1; i.6; j.2.
7. a. bigger than; b. better; c. worst; d. not as modern as; e. less; f. more patient; g. least; h. further

Das Adverb

1. a. Suddenly; b. carefully; c. quick; d. happily; e. dangerous/rough; f. bad/seriously; g. well; h. hard; i. easy/simply
2. a. good; b. well; c. lately; d. late; e. pleasant; f. pleasantly; g. hardly; h. hard; i. gently; j. gentle
3. a. "Can I help you?" she asked in a friendly way; b. The food tasted terrible; c. I am paid monthly; d. They spoke as quietly as possible; e. He speaks French much more fluently than I do; f. The present was nicely wrapped.
4. a. I always have …; b. "yesterday" am Satzende; c. –; d. … once a week; e. They always go ...; f. –; g. Luckily nothing was stolen …; h. Tim sometimes used to …; i. –; j. Perhaps you can …
5. a.4; b.6; c.9; d.7; e.1; f.8; g.3; h.2; i.5; j.10
6. a. fast; b. daily; c. roughly; d. securely; e. obviously; f. carelessly; g. unexpectedly; h. finally; i. skilfully; j. heavily

Verbarten und Verbformen

1. a. has; b. were; c. is doing; d. Have/been; e. am; f. did; g. are having; h. were; i. had had
2. a. didn't; b. wasn't; c. mustn't; d. didn't have to; e. can't; f. won't;
3. a. are; b. Do; c. Has; d. did; e. is; f. Will; g. Is; h. Did; i. have;
4. a. You mustn't park here; b. Frank can't swim; c. You should go to the doctor's; d. I may be late tomorrow; e. Could I borrow your pen?; f. You needn't wait for me; g. David might come to the party.
5. a. Must you/Do you have to work late …; b. What did you do …; c. There are a lot of people …; d. You needn't finish/don't need to finish …; e. Phil works…; f. Did you go skiing …; g. … we will have been married …; h. Has Lucy told you …
6. a. I don't have to get up early tomorrow; b. I'm supposed to meet my sister at 12 in front of the town hall; c. Shall we go to the cinema this evening?; d. The children are not allowed to play on the big street.
7. a.9; b.5; c.6; d.7; e.1; f.8; g.10; h.4; i.3; j.2.
8. a. She has had her house painted; b. She had her wedding dress made; c. He had his car repaired; d. We are having our living room decorated; e. I had my suit cleaned.

Die gebeugte Verbformen

1. a. rises; b. am reading; c. have; d. doesn't like; e. is enjoying; f. is cycling; g. are/staring; h. stay; i. take
2. a. They went to the cinema yesterday evening; b. Vera bought a house in 1999; c. He drove 200 km in January; d. She gave me some beautiful flowers; e. They left work early; f. Jack stood in the corner of the room; g. I felt very tired this morning; h. I spoke to Gary about the problem; i. Maisie grew up in Singapore.
3. a. was having/rang; b. happened/were crossing; c. were shopping/exploded; d. was eating/arrived; e. came/were making
4. a. I've lost my key; b. I haven't seen Anne; c. He's bought a new computer; d. We've drunk all the coffee; e. Ben has just arrived; f. We've been married for 2 years; g. I've written the report; h. They have gone to China; i. I've forgotten how to use this programme.
5. a. three times; b. last year; c. a minute ago; d. never; e. yet; f. yesterday; g. recently

6. a.4; b.6; c.8; d.7; e.2; f.1; g.5; h.3
7. a.2; b.1; c.1; d.2; e.1

Die Aussageweise des Verbes

1. a. I wish I had more time …; b. I wish I were on holiday; c. He wishes he could play the piano; d. I wish it wasn't so hot/it was cooler; e. I wish I didn't have to get up so early; f. We wish we had enough money …; g. I wish they didn't make so much noise.
2. a.7; b.5; c.9; d.6; e.3; f.2; g.8; h.10; i.1; j.4
3. a. Turn; b. Don't give; c. add; d. Don't wash; e. Store; f. Don't reheat; g. Melt; h. wear; i. Don't speak; j. pass
4. a. English is spoken in all the main tourist centres; b. The robber was seen running away; c. The book is going to be published next year; d. A new president has been elected; e. This letter must be sent immediately; f. The changes will be announced (by the minister) next week; g. A new stadium is being built for the World Cup.
5. a. is being filmed; b. were; c. being served; d. has been; e. was not told; f. was being delivered; g. must be informed
6. a. can be drunk; b. must be paid; c. must be worn; d. should be/have finished; e. has to/will have to be postponed; f. should be checked; g. might be attacked; h. cannot be used
7. a. I was given a beautiful vase for Christmas; b. They were not told all the facts; c. She was asked to show her birth certificate; d. You will be shown a film before the discussion; e. He was offered a job in Japan; f. We were promised an interesting tour of the city; g. I am sent a lot of junk mail every week.

Die ungebeugten Verbformen

1. a. Janet was the last to finish; b. My father taught me to drive; c. It is easy to understand why she's so angry; d. I didn't know who to trust; e. He told me to send the e-mail immediately; f. We forgot to invite Mark.
2. a. sitting; b. Having lost; c. attached; d. stolen; e. eating; f. Having been warned
3. a. Lost; b. surfing; c. queuing; d. produced; e. lying; f. running
4. a.4; b.6; c.5; d.7; e.8; f.1; g.2; h.3
5. a. for being; b. at playing football; c. to going on holiday; d. of winning …; e. with using …; f. for being late; g. on paying for everyone
6. a. suggested taking; b. to have a drink; c. –; d. enjoys chatting; e. –; f. to getting up; g. promise to bring
7. a.2; b.2; c.1

Die Zeiten im Satzgefüge

1. a. was going to spend a year in Canada; b. he would pick me up from the station the next day; c. she didn't know if/whether she could come to the party; d. they had just bought a house in the south of France; e. she had rung Will and had left a message …; f. he might be able to help me but he wasn't sure.
2. a. He wanted to know who they were; b. She asked me if I knew a nice pub; c. We asked her what time the film started; d. They asked us whether we had been there before; e. I wanted to know how much it would cost; f. She asked him if he could come earlier.
3. a. the next day; b. that day; c. that week; d. the week before; e. the following week
4. a. If I had time …; b. when I get home …; c. I wouldn't have been late; d. if you bought …; e. I would install; f. If

you had been quicker…; g. I would be happy.

5. a. had known/would have brought; b. hadn't moved/wouldn't have met; c. would have been disappointed/had rained; d. had voted/wouldn't have become; e. wouldn't have known/hadn't told; f. would have finished/had been; g. hadn't eaten/wouldn't have been; h. had listened/would have arisen

6. a.1; b.2; c.1; d.2

7. a. when; b. if; c. unless; d. if; e. if/provided that; f. unless; g. if; h. when; i. unless; j. provided that

Das Pronomen

1. a. me; b. My/our; c. them/their; d. him; e. its; f. her; g. us; h. his

2. a. … friend of mine; b. Let's meet outside …; c. I want to do it myself; d. –; e. … worked with each other; f. ~~myself~~; g. –

3. a. who/4; b. where/6; c. whose/5; d. that/which/7; e. that/which/2; f. whose/8; g. who/1; h. where/3

4. a. My son, who lives in London, is a postman; b. Florence, which has a lot of old buildings, is an interesting city; c. Jamie, whose father is a very famous actor, has just directed his first film; d. I was very pleased to get your postcard, which arrived yesterday; e. My husband, who loves diving, is on a cruise in Egypt; f. We went to the Caribbean, where the weather is always good; g. Jenny, whom I last saw 3 years ago, has now got 2 children.

5. a. Where; b. How much; c. Who; d. When/What time; e. Why; f. What; g. Which

6. a. much; b. Neither/has; c. a little; d. each; e. many; f. Either; g. None; h. little; i. lots of

7. a. something; b. anything; c. any; d. somewhere; e. somebody; f. anywhere; g. any/some; h. Something

Die Konjunktionen

1. a. by; b. until; c. until; d. By the time; e. by; f. by the time; g. until; h. by; i. until; j. By

2. a. while; b. When; c. as; d. whenever; e. as soon as; f. before; g. when; h. by; i. for

3. a.5; b.6; c.7; d.9; e.2; f.8; g.4; h.10; i.1; j.3

4. a. Although I was tired, I couldn't sleep; b. Despite having very little money, they are happy; c. Though the heating was on, the room wasn't warm; d. I woke up early because there was a lot of noise; e. I enjoyed the film in spite of the silly story; f. I got very wet in the rain, even though I had an umbrella; g. She accepted the job because of the high salary.

5. a. despite/in spite of; b. if; c. Although; d. although; e. if; f. because of; g. unless

6. a.I; b.III; c.II; d.II; e.I. f.III; g.I; h.II

Die Präpositionen

1. a. below; b. in front of; c. towards; d. above; e. out of

2. a. at; b. among; c. next to; d. between; e. down; f. across; g. to; h. into/off; i. by

3. a. … opposite the church; b. beside the castle; c. a small village near York; d. a photo of my house; e. I moved here 6 years ago; f. I've lived here for 6 years; g. by car; h. there's nothing we can do about it; i. on foot; j. Jim's e-mail address

4. a. in; b. on; c. on/in; d. at; e. at; f. on; g. at; h. on; i. in; j. in; k. at; l. in

5. a. She woke me up at six in the morning; b. It is in the cupboard at the top of

the stairs; c. We met in front of the station on Sunday evening; d. Turn right at the traffic lights into Kings Street; e. The next meeting is in the middle of April; f. We walked through the forest towards the river.
6. a. within; b. through; c. against; d. without; e. between; f. about; g. instead of; h. Unlike; i. due to; j. since
7. a. at; b. to; c. on; d. before; e. for; f. with; g. by; h. of; j. in

Die Zahlen und die Uhrzeit
1. a. fifteen; b. forty-six; c. two hundred and two; d. one/a thousand; e. eight thousand, nine hundred and sixty-two; f. thirty-five thousand, eight hundred and fifty-five; g. seven hundred thousand; h. eighteenth; i. sixty-second; j. one hundred and first; k. five point four; l. a quarter
2. a.5; b.7; c.6; d.1; e.9; f.4; g.10; h.2; i.3; j.8
3. a. a/one hundred; b. kilometres; c. a 10-minute talk; twenty-first century; e. 25,000 people; f. thirtieth birthday; g. nine eight three oh five six
4. a. one; b. twenty-four/seven; c. one-to-one; d. two; e. two; f. two/three; g. six; h. seven; i. four; j. nine/ten
5. a. half past six; b. quarter to ten; c. one minute past twelve; d. ten past eleven; e. ten to two; f. seven o'clock in the morning; g. ten past three in the afternoon; h. twenty-five to seven in the evening; i. quarter past eleven at night; j. midday
6. a. What time does the train to Liverpool leave? At 4 p.m./4 in the afternoon; b. When is his flight due? At twenty past six in the evening; c. What time does the bus from Paris arrive? At five past nine in the morning; d. What time did you start work yesterday? At quarter to nine; e. What time do you get up at the weekend? Between 9 and 10.30 in the morning; f. When is the taxi picking you up tomorrow? At 5 a.m; g. When shall we meet? At half past seven; h. What time did you get here last night? At midnight.
7. a.2; b.1; c.1; d.2

Die Wortstellung im Satz
1. a. We sometimes have …; b. explain to me; c. I offered it to her, but she didn't want it; d. –; e. can you do it; f. –; g. He is usually; h. suggested to us; i. –
2. a. She told me to give it to the teacher; b. I showed the figures to the clients; c. They waited for him to phone them; d. Alice was thrilled when she won the award; e. I am sure that I've seen him somewhere before; f. We sometimes go to the mountains in summer; g. Please explain to me why you are late; h. That isn't what she said to me.
3. a. told; b. mentioned; c. introduced; d. to everyone; e. fax; f. to him; g. prove; h. it to us
4. a. didn't make; b. mustn't sit; c. weren't; d. don't agree; e. hasn't been; f. won't be told; g. didn't have to pay; h. am not able to; i. didn't realise; j. shouldn't have got; k. hadn't left; l. doesn't understand
5. a. What time did you get up this morning?; b. Do you enjoy travelling?; c. Should we have turned right here?; d. When can you be there?; e. Did you miss the train?; f. Has she been able to book a table?; g. Will we have to show identification?; h. Where were you born?
6. a. Who did you see …; b. Who phoned you …; c. What happened …; d. … did you buy; e. Who usually sits here; f. What does this word mean?; g. What caused …; h. Where did you find it?; i. What did he tell you?

REGISTER